UM NOVO AMANHÃ

TRILOGIA SINAIS DOS TEMPOS

VOLUME I

UM NOVO AMANHÃ

TRILOGIA SINAIS DOS TEMPOS

VOLUME I

PSICOGRAFIA DE

JOSÉ B. CAVALCANTE DE O. MAIA

PELO ESPÍRITO

MARIA ZILDA

DADOS DESTA OBRA:

Título: **UM NOVO AMANHÃ**
Edição independente
Ano: 2013
Primeiro volume da trilogia "Sinais dos Tempos"
Produção da versão digital: Simplíssimo Livros – RS
Capa: Lizeti Carlesso – www.lizeticarlesso.com.br
Foto da capa: Nando Velho – www.nandovelho.com
Foto do Autor: Gugu Garcia
Revisão ortográfica: Elisabeth Gier Della Rocca
Autor: José B. Cavalcante de O. Maia
Pelo espírito: Maria Zilda
Contato com o autor: jmaia77@hotmail.com (MSN, facebook)

FICHA CATALOGRÁFICA

Zilda, Maria (Espírito)

Z69s   Sinais dos Tempos: um novo amanhã/ Ditado pelo espírito de Maria Zilda; psicografia de José Cavalcante de Oliveira Maia – Lages: Grafine, 2011 205 p.

ISBN 9788589848534

1.   Obras psicografadas. 2. Ficção Espírita. I. Maia, José Cavalcante de Oliveira. II. Título

CDD 133.93

DEDICATÓRIA:

À minha amada Renata e à nossa filha linda, doce Laura.

SUMÁRIO

POSFÁCIO Palavras da autora espiritual

PREFÁCIO

Bendito todo aquele que leva aos espíritos sofredores palavras de alento, e felizes daqueles que têm a chance de se deparar com elas.

Afinal, não cai da árvore uma folha sequer sem o consentimento do pai.

Não é por acaso que este livro veio parar em suas mãos. Há mensagens nele que dizem respeito à sua evolução. Permita-se, então, usufruir delas e tornar-se luz para os que encontrar em seu caminho.

Elisabeth Gier Della Rocca

01 SÃO CHEGADOS OS TEMPOS

Entre uma vitrine e outra, Clarisse pensava que, se tivesse um pouco de sorte, talvez, logo ao anoitecer, conseguisse marcar uma "mesa" no Centro Espírita que uma amiga íntima lhe aconselhara a ir, para que pudesse ver todos os seus problemas definitivamente resolvidos. Mesmo sem acreditar muito em curas mirabolantes, santos ou milagres, via-se disposta a tentar o que fosse preciso para preencher o imenso vazio que sentia dentro de si. Passou o dia a comprar tudo o que lhe agradava aos sentidos, vestidos, perfumes, bolsas e sapatos. Porém, nada disso a tornava uma pessoa alegre e satisfeita com o rumo da sua própria vida. Tinha plena consciência de que esses prazeres eram passageiros e sentia que era preciso algo mais para alcançar a tão almejada felicidade.

Evitou dar maiores explicações ao marido sobre o local ao qual iria naquela noite. Saiu de casa antes do jantar e sem ter a mínima noção do que estava prestes a ocorrer. Chegou cedo à casa Espírita e pediu orientação a um senhor que, gentilmente, recebia a todos os visitantes com um sorriso estampado no rosto e disposição sincera em ajudar. Ele conduziu a elegante moça à triagem daquele centro e, após a espera de alguns minutos, ela foi recebida por um trabalhador do setor, que se apresentou com uma simpatia singular e perguntou-lhe:

- Irmã, o que a motivou a vir aqui à nossa humilde casa Espírita?

Clarisse, sentindo que seu rosto ficara ruborizado, exitou um pouco em dizer as primeiras palavras - ainda mais para quem lhe era estranho. Pensamentos diversos atravessavam sua mente naquele instante. Pensava: "o que estou fazendo aqui?", "que direito essa pessoa tem de me perguntar isso, se nem me conhece?", "Será que ele vai contar meus podres e meus medos aos ventos, assim que eu der as costas para esse lugar?", "Meu Deus, e agora?".

Leve pausa se fez. Clarisse fitou os olhos do voluntário espírita que estava a sua frente e pode notar que havia sinceridade naquele homem. Pelo menos foi essa a impressão que ela sentiu. Um pouco mais encorajada, deixou-se levar por esse sentimento e sem conter as lágrimas, há muito tempo reprimidas, começou a desabafar.

- Minha vida é pura ficção. Desde criança fui criada para arranjar um bom partido. Mesmo a muito custo, meus pais sempre optaram por me matricular em colégios particulares, sabendo eles que, dessa forma, minha vida social estaria em alta desde a adolescência. Para manter a aparência, minha mãe costumava me levar aos salões de beleza mais chiques da cidade. Aos poucos, ficamos amigas das *"socialites"*. Volta e meia, recebíamos convites deveras cobiçados para as reuniões e festejos de destaque da alta roda social.

Enxugando o pranto, Clarisse prosseguia contando suas tristezas e, curiosamente, sentia-se mais leve, o que a motivava a continuar seu relato. – Devido aos interesses dos meus progenitores, não pude viver as primeiras paixões tão naturais no desenvolvimento afetivo das pessoas. Quando eu demonstrava algum tipo de interesse por um rapaz, minha mãe imediatamente interferia, perguntando sobre as posses do pretendente e se a família dele era tradicional, caso contrário, dizia ela: "ele não serve para você", podando minhas chances de ser feliz. Meu pai, dominado pelos interesses mesquinhos da minha mãe, não era capaz de demonstrar nenhum tipo de reação, simplesmente se anulou em todas as decisões.

Dizia Clarisse: - isso me causava extrema tristeza, pois se de um lado eu era pressionada a gostar de quem minha genitora tinha em mente, do outro lado eu não podia contar com a serenidade e com os conselhos paternos. Dia a dia o abismo entre nós aumentava. Chegamos a um ponto onde nosso diálogo era um simples e monótono "bom dia" ou "boa noite". Nessa época, comecei a sentir um grande aperto em meu coração, aperto esse que trago ainda hoje. Recentemente, realizei uns exames de rotina e foi constatado um nódulo maligno em meu seio esquerdo. O desespero tomou conta de mim ao saber disso. É o tipo de notícia que mulher alguma deseja receber, não é?

Nesse ponto do relato, as lágrimas de Clarisse comoviam o atencioso ouvinte, que, pacientemente, retirou uns lencinhos de papel de dentro do casaco aveludado e entregou-os à pobre moça. Dirigiu a ela palavras de conforto e ofereceu-lhe um copo d'água, deixando-a à vontade para continuar a conversa, quando assim o desejasse.

Ao suavizar a comoção, recompôs-se e deu continuidade à sua triste história. – Há apenas cinco anos contraí matrimônio com um homem mais velho, digno aos olhos da comunidade, com vasto patrimônio e pai de uma criança de oito anos, cuja mãe faleceu logo após o nascimento do menino. Sendo ele portador de uma condição financeira muito favorável, era fácil supor que me proporcionaria uma vida doce e agradável; como um conto de fadas da vida real.

"Porém, passados os primeiros meses de convivência dentro da nossa casa, comecei a perceber um olhar de frieza por parte do meu marido e um distanciamento que me tocava a memória e me remetia aos dias em que eu tentava me aproximar do meu pai para receber um simples carinho. Estranhei, mas como esse tipo de comportamento não era algo novo para mim, eu apenas deixei os dias e as noites determinarem o meu próprio caminho.

Eu percebia que, até para manter relações íntimas, havia um esforço por parte do meu cônjuge. Não me sentia nem um pouco amada e muito menos valorizada como mulher. Nosso casamento, em pouco tempo, tornou-se num mero contrato assinado em cartório. Tentamos fazer um bebezinho, para ver se a situação mudava para melhor, mas por determinações do destino não houve jeito de eu conseguir engravidar. Para piorar um pouco mais os fatos, o filho do meu marido passou a ter surtos noturnos e agora passa boa parte das noites perambulando de um lado ao outro do quarto, com medo de dormir. Diz ele que há monstros em todos os cantos da casa, mas sabe como é, não sabe? Eu acho que isso é coisa de criança, que só quer chamar a atenção".

Antônio, que ouvia pacienciosamente o sofrimento de Clarisse, anotava em uma ficha os principais tópicos relacionados aos problemas que lhe foram apresentados e com a calma que lhe era peculiar dirigiu-lhe as seguintes palavras: "Irmã, eu percebo as suas angústias e me compadeço extremamente com suas preocupações; sei também que hoje é a primeira vez que você vem a uma Casa Espírita. Geralmente as pessoas chegam aqui pela mesma razão, a dor, poucos frequentadores se aproximam daqui pelo amor".

O trabalhador da triagem ainda acrescentou:

- Costumeiramente, antes de encaminharmos as pessoas para uma mesa apométrica, solicitamos que sejam realizadas algumas sessões de passes magnéticos ou passes terapêuticos e, até mesmo, cromoterapia. Não posso deixar de lhe falar também da importância de vivenciar as palestras, pois atuam como bálsamo para os espíritos encarnados e desencarnados, devido ao teor elevado dos assuntos de Cristo, sendo verdadeiro alento ao coração de qualquer um.

Ao finalizar o diálogo, Antônio entregou para Clarisse uma ficha contendo os problemas por ela apresentados e frisou a recomendação de sete passes terapêuticos, além da solicitação para ela assistir às palestras e receber os bons fluidos dos passes magnéticos e preces. Ao se despedir, o operário espírita foi informado de que ocorrera o cancelamento de um atendimento mediúnico, previamente agendado. Dadas as circunstâncias, ele olhou fixamente para a moça, assim como quem acabara de receber uma intuição inesperada, e disse:

- Clarisse, hoje é o seu dia de sorte! Por motivos que desconhecemos surgiu uma oportunidade de providenciarmos ainda nesta noite um atendimento apométrico abençoado e oportuno para você. Agradeça ao Alto minha irmã.

Clarisse dirigiu-se sorridente ao salão principal no intuito de assistir à palestra da noite, sabendo de antemão que após a preleção seria encaminhada ao passe terapêutico e, em seguida, ao atendimento mediúnico. Acomodou-se numa cadeira no fundo da sala. Observou a simplicidade do local, reparou na iluminação, que tinha tons em verde e azul, sentiu a calma do ambiente e aos poucos foi absorvendo a música suave que embalava a harmonia do saguão. Olhou para os lados e viu que outras pessoas foram tomando os assentos que ainda estavam vagos; todos aguardavam pelas palavras que seriam proferidas em instantes.

- Boa noite meus queridos irmãos, que a paz do Senhor esteja conosco. Disse Zenilda, uma senhora acostumada aos estudos e às lides espíritas. Seus cabelos brancos demonstravam a experiência que a vida havia lhe proporcionado. No entanto, seu carisma e desenvoltura deixavam transparecer a jovialidade do espírito, olhando a todos os presentes com um ar materno, acolhedor e gracioso. Contagiava o recinto e enchia de expectativas e esperanças as pessoas que buscavam naquele local o alívio e as respostas para seus embaraços pessoais. Pediu, gentilmente, que encarnados e desencarnados fechassem os olhos para juntos orarem, em forma de agradecimento, a prece que o excelso Mestre nos deixou.

"Pai nosso que estais nos céus, santificado seja o Vosso nome, vem a nós o Vosso reino, seja feita a Vossa vontade assim na Terra como nos Céus. O pão nosso de cada dia nos dai hoje, perdoai Pai as nossas ofensas, assim como nós perdoamos aos nossos ofensores e não nos deixeis cair em tentações, mas livrai-nos de todos os males agora e sempre. Que assim seja".

A partir desse momento, ela deu por iniciada a palestra de aprendizado e conscientização da noite. Abriu O Evangelho Segundo o Espiritismo no capítulo VII, abordando "O Orgulho e a Humildade".

Dona Zenilda, como era chamada pelos amigos, recebia nesse instante uma inspiração dos mentores que dirigiam a tarefa de esclarecimento aos espíritos em sofrimento e com muita clareza e alegria leu o seguinte trecho: "...despertai, meus irmãos, meus amigos. Que a voz dos Espíritos ecoe nos vossos corações. Sede generosos e caridosos, sem ostentação, isto é, fazei o bem com humildade. Que cada um proceda pouco a pouco à demolição dos altares que todos ergueram ao orgulho. Numa palavra: sede verdadeiros cristãos e tereis o reino da verdade".

"Não continueis a duvidar da bondade de Deus, quando dela vos dá Ele tantas provas. Vimos preparar os caminhos para que as profecias se cumpram. Quando o Senhor vos der uma manifestação mais retumbante da Sua clemência, que o enviado celeste já vos encontre formando uma grande família; que os vossos corações, mansos e humildes, sejam dignos de ouvir a palavra divina que Ele vos vem trazer; que ao eleito somente se deparem em seu caminho as palmas que aí tenhais deposto, volvendo ao bem, à caridade, à fraternidade".

Ao pronunciar os doces ensinamentos do Cristo, que mais pareciam uma suave brisa, todo o salão principal da modesta Casa Espírita foi sendo inundado de imensa luz, provinda do Alto, amolecendo os corações endurecidos e apaziguando as angústias de muitos seres que se encontravam carentes de afeto sincero.

Sem desviar os olhos da palestrante, Clarisse sentia-se muito mais à vontade e apta a receber os novos ensinamentos. Ouviu atenciosamente a parte final proferida por dona Zenilda, a qual entoava um tom mais grave à aludida instrução dos bons amigos desencarnados.

"Então, o vosso mundo se tornará o paraíso terrestre. Mas, se permanecerdes insensíveis à voz dos Espíritos enviados para depurar e renovar a vossa sociedade civilizada, rica de ciências - mas, no entanto, tão pobre de bons sentimentos - ah! então não nos restará senão chorar e gemer pela vossa sorte.

Mas, não! Assim não será. Voltai para Deus, vosso pai, e todos nós que houvermos contribuído para o cumprimento da sua vontade entoaremos o cântico de ação de graças, agradecendo-lhe a inesgotável bondade e glorificando-o por todos os séculos dos séculos. Assim seja".

Ao finalizar o Evangelho, dona Zenilda direcionou um olhar meigo a todos e esforçou-se para conter algumas lágrimas que insistiam em tocar o chão. Ressaltou a importância de efetivamente trabalhar a reforma íntima.

Exemplificou que se cada um erguer a bandeira da caridade e houver dentro de si mesmo a disposição necessária para elevar os pensamentos e praticar as lições de humanidade que nos foram deixadas há mais de dois mil anos pelo maior benfeitor da Terra – Jesus Cristo –, todos serão uma estrela que cintila no espaço, uma espécie de porto seguro aos mais necessitados, seja de ordem orgânica ou espiritual.

Por consequência, haveria a transmutação da escuridão em luz, da tristeza em alegria, da depressão em vontade de viver, do ódio em amor, da solidão em companheirismo universal. Em outras palavras, teríamos um planeta mais aprazível e evoluído para morar, onde ninguém se sobressai nem tira vantagens perante as fraquezas do próximo, todos caminhando lado a lado como verdadeiros irmãos.

Concluída mais uma etapa das tarefas noturnas, todos permaneciam sentados enquanto a equipe de passistas da casa aplicava intensa onda salutar através da imposição de mãos sobre a cabeça de cada um dos presentes. Nesse caso, os médiuns atuavam como condutores de boas vibrações, misturando o próprio fluido vital e boa vontade em ajudar com as energias benéficas enviadas pelos Espíritos do Mundo Maior.

Ao mesmo tempo, uma música clássica compunha o pano de fundo do ambiente, proporcionando uma sensação de bem estar em todos os agraciados por mais este benefício, inspirado nos ensinamentos divinos.

O contentamento era geral e logo Clarisse foi encaminhada para a sua primeira sessão de passe terapêutico, onde foi gentilmente recebida pela médium Vânia. Deitou-se numa cama revestida por alvos lençóis, enquanto a atendente lia a ficha com os problemas previamente listados. Ela reparava ao redor e teve a atenção voltada para uma moldura em madeira clara, que portava uma imagem alegre do Mestre Jesus, muito diferente do que ela estava acostumada a ver por aí. Tentou absorver o máximo possível a calma que aquela sala de paredes cor lilás lhe proporcionava. Simultaneamente, a passista terapêutica recolhia-se em breve solicitação de amparo aos mentores da paciente e aos próprios dirigentes da tarefa de cura, para que pudesse ser útil da melhor maneira.

Vânia solicitou a Clarisse que permanecesse tranquila e em oração. Ela atendeu prontamente ao pedido e entregou-se a Deus como nunca antes havia feito. Sentindo-se muito bem com isso, deixou que a médium iniciasse o tratamento com o posicionamento das mãos a uma distância de aproximadamente 10 centímetros do centro coronário. A paciente sentia um calor confortável na parte superior da cabeça, para logo após ser tomada por completo por uma paz inigualável. Sentia algo diferente saindo das mãos da passista e tentava entender o que estava acontecendo, mas achou mais conveniente apenas vivenciar aquela experiência singular.

Amparada por Espíritos especializados em transfusão de energias curativas, Vânia, que também possuía clarividência, percebia que de suas mãos fluía incessantemente halos multicoloridos, variando de tonalidade e intensidade cada vez que conduzia o foco do atendimento para as áreas específicas de funcionalidade físico-espiritual, ou seja, para cada um dos principais chacras. Percebeu que havia uma maior necessidade de reparos no centro cardíaco, responsável pelo equilíbrio dos sentimentos mais sensíveis, que mais parecia uma minúscula rodela envolta em cores escuras e com uma viscosidade que travava a circulação normal dos fluxos sentimentais.

Por ter mediunidade de propósitos afins com o bem, a médium foi orientada pelos mentores a direcionar maior carga de energias sobre o coração da paciente, provocando, dessa forma, um alívio quase que de forma instantânea nas culpas, ressentimentos, mágoas e aflições que Clarisse guardava a sete chaves em seu íntimo há muito tempo. Igualmente salutar foi a higienização efetuada no chacra da pobre moça em tons rosáceo-dourados, que propiciou a normalidade rotatória que este vórtice tanto necessitava.

Por fim, Vânia estava um pouco surpresa com o estado em que se encontrava. O centro energético responsável pelos sentimentos, no entanto, informou brevemente o que acabara de ocorrer. – Querida Clarisse, hoje tivemos a ajuda de amigos muito especiais, os quais nos orientaram de modo a lhe ajudar profundamente nos sentimentos negativos que você mantinha arquivado dentro de si. Demos início a um tratamento profilático que terá mais seis sessões. Espero que você continue a frequentar a casa e não deixe de vir aqui para darmos continuidade a esse trabalho maravilhoso que começamos hoje.

Clarisse respondeu levemente emocionada:

- Muito obrigada pelas palavras e pelo passe, realmente estou me sentindo bem melhor do que quando cheguei aqui. Pode deixar, não faltarei a nenhuma sessão.

Despediu-se, novamente agradeceu e foi aguardar numa antessala o tão esperado atendimento na mesa apométrica. Mesmo sem saber exatamente do que se tratava, estava de face modificada e transparecia leveza. Deixou que sua mente a conduzisse ao passado e então pode reviver os tempos de plena juventude. Lembrou de um amor perdido que não conseguiu manter devido ao impulso interesseiro e dominante de seus pais.

Claramente, visualizou o moço pelo qual seu coração balançou inúmeras vezes. Tentava datar com exatidão o tempo e o nome do rapaz, mas o afastamento, as estações do ano e a pressão da mãe obrigaram-na a tirar dos pensamentos aquele que poderia ser sua metade d'alma. Insistia em deixar gravado somente as boas recordações, mas quanto mais ela se esforçava, mais rapidamente as imagens sumiam diante dos seus olhos.

Achou por bem deixar a mente se acalmar e distraiu-se um pouco com o som ambiente e com os quadros coloridos nas paredes.

02 A ASSISTÊNCIA DO ALTO

Muito antes de os trabalhadores voluntários que servem de medianeiros entre o mundo espiritual e a vida no corpo físico adentrarem a sala específica para a reunião mediúnica, um grande contingente de operários desencarnados preparava meticulosamente o ambiente.

O recurso mais utilizado e de eficácia sem tamanho é a oração direcionada em um primeiro momento para favorecer a harmonia e gerar um clima de serenidade, criando uma redoma propícia aos médiuns que, ao anoitecer, servirão de instrumentos da vontade divina.

Todos os trabalhos realizados nesta Casa Espírita têm a coordenação responsável e fraterna de Ângelus, que é o tipo clássico de "anjo da guarda" que todos imaginam para si, visto que possui um porte esbelto, cabelos levemente cacheados, sorriso fácil, dono de uma ternura e compaixão que causa e comoção até mesmo nos seres mais embrutecidos.

A par de todos os atendimentos que ocorreriam naquela noite, Ângelus, primeiramente postava-se junto ao portão principal, esclarecendo a um grupo de espíritos de uma colônia no Astral alguns pontos que envolviam o bom funcionamento das atividades e da organização da Casa pela qual ele era o encarregado.

Dizia ele: - Percebam, meus amigos, esta vasta rede energética dourada que envolve toda a parte externa do Centro Espírita. Esse mecanismo assegura o bom andamento das tarefas, devido às altas vibrações emitidas pela grade protetora, impedindo os espíritos baderneiros, brincalhões e mesmo aqueles que escondem o ódio e a revolta atrás de uma falsa aparência de ultrapassarem o campo magnético de proteção.

Deu prosseguimento às explanações: - Somente os seres que estão em processo de regeneração através do arrependimento verdadeiro estão aptos a serem socorridos, então eles recebem a permissão dos Guardiões para entrar. Em seguida são encaminhados aos setores que possam contribuir para o alívio do sofrimento particular de cada um deles, são direcionados ao salão principal no intuito de usufruir dos passes magnéticos e das palavras que lhe toquem o coração.

"Inclusive, alguns podem participar das sessões mediúnicas, em que utilizamos o fluido vital dos médiuns encarnados para reconstituir o perispírito dos nossos irmãos da errância. Muitas vezes o estado de deformação espiritual é ocasionado pela fixação dos pensamentos de vingança e devotamento exacerbado aos bens terrenos. Uma espécie de cegueira, na qual o prejudicado maior é o próprio ser que carrega o desejo de prejudicar o próximo".

Ângelus, com graciosa atenção, pediu aos visitantes que o acompanhassem até a sala apométrica, a qual em breve seria utilizada no socorro de irmãos encarnados e desencarnados. Ao chegar ao luminoso ambiente, o solícito mentor explicou: - O atendimento apométrico é composto por equipes espirituais de diversos matizes especializadas em determinadas atividades.

Todas sob supervisão de Ângelus, que se desdobrava a cada instante para manter os afazeres diários e para dedicar uma satisfatória explicação aos estudantes do além, que o seguiam com extremo entusiasmo e de olhos e ouvidos bem abertos.

- Os amigos encarnados podem dispor de aptos doutores e estudiosos em chacras, os quais utilizam os fluidos emitidos pelos médiuns, mesclados aos sutilíssimos equipamentos que são usados habilmente para remodelar os centros de força e desintegrar o conteúdo mórbido armazenado em cada vórtice. Em casos mais graves, faz-se de extrema utilidade a retirada do chacra danificado e a implantação de um novo molde.

Nesse momento, a empolgação tomava conta do nobre dirigente: "- O mentor particular de cada médium é o principal elo entre as informações e orientações que são transmitidas do Alto. Esse fenômeno ocorre em forma de intuição, áudio e/ou clarividência aos trabalhadores encarnados, para que assim direcionem, da melhor forma possível, as tarefas previamente elaboradas no mundo espiritual".

Transmitir as mensagens obtidas aos encarnados que aqui buscam socorro é uma função de grande responsabilidade, continuava Ângelus em seu raciocínio:

- Vale-se muito do grau de estudo e espiritualização do médium dirigente da mesa e de seu bom senso e discernimento. Ele é o maior responsável pelo bom desenvolvimento, decodificação das mensagens e, principalmente, por tudo o que for dito àqueles que aqui buscam alento.

Fez uma breve interrupção para que todos pudessem absorver essas informações e prosseguiu:

"Todos nós sabemos muito bem o poder exercido pelas palavras ditas, a influência exercida nas mentes em auto-hipnose que, ao estarem sob obsessões diversas, tornam as pessoas altamente sugestionáveis. Deve-se então falar aquilo que está ao alcance de compreensão do paciente e com todo o zelo de não mistificar a orientação e até mesmo de deixar-se contagiar pelos próprios preconceitos e arbitrariedades. Na dúvida, é melhor manter-se em silêncio e solicitar o uso diário de preces".

Ainda explicou que não somente ao dirigente recaíam as obrigações da sessão mediúnica. Todos os médiuns que compõem uma "mesa" possuem sua parcela de responsabilidade, de acordo com o próprio grau de instrução espiritual e do nível de desenvolvimento da mediunidade. Além do mais, existe também a carga de compromissos do passado, trazidos para serem drenados no plano físico, através da caridade e do comprometimento com a obra do Cristo.

- Outra equipe que está à disposição dos operários do Bem é graduada em Cromoterapia. Cada cor possui um espectro luminoso e intensidade distintos. Ao mentalizarem determinados fluxos multicoloridos nos centros de força, produzem um efeito de reequilíbrio orgânico. Da mesma maneira, é um excelente aliado na harmonização, tanto no ambiente de trabalhos espirituais, quanto na intimidade do lar, instigando um clima de tranquilidade e serenidade.

Sem perder a calma e nem mesmo a alegria, em um tom de voz suave, porém firme, Ângelus pedia para que aguçassem o foco para outros seres que compunham a classe angélica.

– Por último, mas não menos importante; têm-se como fiéis ajudantes os Espíritos Elementais, que estão em processo gradativo de evolução e mantêm um forte laço com a inocência e o desejo ardente de seguir o inexorável desenvolvimento espiritual.

"O auxílio procede de diversas formas atuantes nos quatro elementos da natureza; pelo elemento ar, as silfes e os silvos se dedicam a fazer uma limpeza mental nas pessoas, dissolvendo os pensamentos fixos obsessivos, através do envolvimento áureo que exercem sobre o chacra frontal. Pelo elemento água, as filhas de Iemanjá desintegram os vírus e bactérias astrais que se situam entre o duplo etérico e o corpo físico. Lembrem-se de que o corpo humano é composto, em sua grande maioria, por água!!! Daí a utilidade desses elementais. O elemento terra é representado pelos duendes e gnomos, que são hábeis cultivadores de jardins harmoniosos, muito utilizados em locais onde predominam as trevas. Modificam o ambiente psicoespiritual e tornam-no um tipo de posto avançado do Bem, que possibilita o encontro de desencarnados e encarnados desdobrados em tarefas de socorro. O elemento fogo é utilizado através das salamandras, que são seres capazes de dissolver os emblemas, artífices e amuletos muito usados em processos contínuos de arquepadia, pelo qual, mesmo nos dias atuais, muitos encarnados mantêm estreitas ligações com vidas pretéritas de magias, encantamentos e feitiços".

Por fim, Ângelus informou que todos os elementais são seres divinos, irmãos menores da criação Maior, que necessitam do convívio entre os humanos para crescer com as experiências proporcionadas pelas incursões caridosas. Devem ser tratados com respeito e após a execução de suas tarefas, precisamos agradecer-lhes em nome de Jesus para que, assim, possam ser liberados para retornar aos seus respectivos postos natais.

Ângelus, neste momento, informa a todos os cooperadores espirituais que os médiuns estão prestes a adentrarem o recinto; ressalta, porém, que nem todos estão em condições psíquicas desejáveis para a melhor execução das tarefas. Reforça também a urgência de realizar o reequilíbrio mental dos medianeiros antes do início das atividades da noite.

Dentre os espíritos que acompanhavam Ângelus estava Gustavo, jovem de curiosidade apurada que não se conteve e perguntou:

- O senhor poderia nos explicar melhor a necessidade dessa prática de equilíbrio mental dos médiuns encarnados?

- Poxa, até que enfim alguém me perguntou algo, estava ficando preocupado com o silêncio de vocês. Pensei que eu não estivesse agradando, ou que o nosso *"tour"* estivesse entediando os jovens aprendizes - brincou Ângelus, antes de responder.

- Bem, ocorre o seguinte: vocês já devem ter ciência de que os médiuns envolvidos nessa tarefa são pessoas que precisam passar por determinadas provações da vida cotidiana, que envolvem sua conduta moral, o sentimento de gratidão aos pais e aos cônjuges, e, quando possuem filhos, têm o dever de criá-los e educá-los convenientemente.

Como todo cidadão fora da seara espírita, também eles exercem atividades normais pertinentes à sobrevivência, sejam árduas, braçais ou intelectuais, com o propósito de desenvolver suas capacidades psíquicas e o próprio sentimento de humildade.

Todos estão sujeitos às intempéries do dia a dia. Mudanças repentinas de humor, desajustes e desarmonias no trabalho ou em casa. Entretanto, no inconsciente deles ressoa o compromisso assumido no período pré-reencarnatório, onde cada um, sem exceção, se propôs a exercer a mediunidade como caminho e feliz tarefa de reparar os erros cometidos em vidas passadas o mais brevemente possível.

Gustavo permaneceu em silêncio. Enquanto absorvia as novas informações, pensava ele em novas indagações: "como ocorria o desenvolvimento da mediunidade? Como os encarnados identificariam esse fenômeno e como utilizá-lo corretamente?"

Sua mente fervia em questionamentos. Mas, mesmo antes de poder pronunciar as palavras que o instigavam, Ângelus sorriu ao amigo como quem lera os pensamentos do jovem estudante e disse: - Acalme-se Gustavo, ainda temos algum tempo e posso lhe explicar tudo o que aflige a sua benéfica e instrutora vontade de obter mais conhecimentos.

Com a solicitude peculiar, Ângelus sorrindo explicou:

- Não existe uma fórmula exata de quando e como a mediunidade irá se manifestar nas pessoas que pediram por esse recurso para sanar os próprios débitos do pretérito. Pode ocorrer desde a infância com a visão de espíritos, movimentação de objetos, até mesmo pela audição de vozes. Pode ser em qualquer fase da vida, mas a maioria daqueles que efetivamente assumem o mandato mediúnico somente o fazem pela dor.

O desenvolvimento apropriado dessa faculdade se dá através de estudos sistemáticos da Doutrina Espírita, perfeitamente codificado e publicado por Allan Kardec, que soube, com maestria, identificar o valoroso teor das mensagens enviadas pelo Alto e, de maneira arquitetônica, organizou-as em obras a serem profundamente compreendidas pelos médiuns. Eis o Pentateuco principal da doutrina consoladora que o Cristo nos enviou através das vozes de grandes espíritos de luz.

- Vou resumi-las aqui para você, meu nobre Gustavo. "O Livro dos Espíritos" é o livro básico da filosofia e dos fundamentos espíritas. "O Livro dos Médiuns" compõe a base da ciência espírita. "O Evangelho Segundo o Espiritismo" aborda os aspectos religiosos e morais deixados pelo Nazareno Mestre. "O Céu e o Inferno" é um estudo em que se explica o simbolismo dos locais de ventura e sofrimento. Completando o legado básico deixado pelo codificador da doutrina, temos "A Gênese", que orienta sobre os milagres e as predições segundo a Doutrina Espírita.

Ao prever que Gustavo iria interromper para pedir uma explicação mais detalhada, Ângelus se adiantou e esclareceu melhor:

- Analise que boa parte dos trabalhadores desta Casa Espírita chegou aqui pedindo ajuda para seus problemas. Imagine os mais variados casos possíveis, uns tinham dores no corpo em locais onde a medicina terrena não encontrava solução, outros sentiam um vazio que medicamento algum preenchia, acolá chegavam pessoas em estado crônico de depressão e até mesmo com diagnóstico de esquizofrenia, os quais eram taxados como loucos.

Poucos dos que aqui estão vieram pelo amor, mas isso é normal. Da mesma forma, o amor infinito de Deus acolhe a todos, pois Ele não faz distinção entre Seus filhos; e mesmo aqueles que aqui estão cooperando, motivados inicialmente pelas próprias angústias, já plantaram o gérmen do amor divino. E, em breve, essa sementinha dará frutos, que gerarão árvores frondosas, as quais deixarão ao vento mais frutos sublimes. Esse é o principal motivo de exercer-se a mediunidade.

Ângelus interrompeu maiores detalhamentos e solicitou que todos entrassem em estado de oração para manter em padrão elevado as boas vibrações da sala, pois a hora para o início das tarefas mediúnicas se aproximava.

Como de costume, o primeiro a chegar foi o dirigente da mesa apométrica, Oliveira; rapaz que se esforçava diariamente para seguir as recomendações do Cristo. Era ciente também da responsabilidade que trazia consigo de ser o encarregado em conduzir as tarefas mediúnicas.

Oliveira era médium de clarividência, de psicofonia e de psicografia intuitiva, portava dentro de si as verdades que o induziam a manter-se no caminho correto. Tratava-se de um jovem chefe de família, dedicado ao bem e aos seus familiares, trabalhador honesto que cumpria suas obrigações laborais de modo digno e justo para com seus colaboradores. Buscava sempre a orientação dos mentores através da prece sincera para poder compreender melhor os motivos de suas dúvidas, tristezas e aflições. Dessa forma, obtinha as respostas de que precisava quando a mente ficava mais serena, sob a influência da oração.

Logo ao entrar na sala, percebeu a presença dos amigos espirituais que auxiliam nas tarefas benfeitoras; deu um sorriso, agradeceu a presença de todos em pensamento e, enquanto aguardava a chegada dos outros médiuns, abriu um livro espírita que sempre carregava consigo e, compenetrado, passou a lê-lo.

Mal virou a primeira página; Édina, a médium doutrinadora de Oliveira, entrou. Chegou suando frio e, sem ao menos cumprimentar o companheiro, foi contando as tristes notícias que estavam estampadas no jornal da cidade. Confessou que sempre que passava a vista nas matérias sobre crimes e outras tantas perversidades que, infelizmente, ainda assolam o ser humano, sentia-se esgotada, como se ao ler sobre tais atos cruéis, o seu estado de espírito decrescesse. Fato que a fazia sentir um desconforto difícil de explicar.

Oliveira, nesse momento, recebia uma orientação do mentor particular da sua amiga e proferiu-lhe as seguintes palavras:

- Olha Édina, quando nos ligamos aos tristes assuntos que envolvem as barbáries desumanas, nossa frequência vibratória tende a cair mesmo, a sensação é de cansaço e irritabilidade. Nem sempre podemos nos esquivar desses assuntos, mas é bom tentar vê-los sempre com os bons olhos divinos e buscar elevar os pensamentos através da oração. Por que ao orarmos criamos ao nosso redor uma camada protetora, que impede o mal-estar causado pelas baixas vibrações, impossibilitando que esses episódios nos afetem. E, por falar em oração, vamos fazer uma breve prece agora para nos prepararmos para o que está por vir.

Após alguns minutos chegou Heloísa, uma médium de psicografia completamente descompromissada com a missão mediúnica, que vinha apenas nos dias que lhe convinha ou quando não estava se sentindo bem, daí aparecia para ser "atendida pelos espíritos". Sentou junto aos outros, deu um sorriso amarelo, justificou suas faltas salientando outros compromissos mais importantes e dizendo que assim fosse possível, seria mais atuante.

Oliveira a recebeu com satisfação e reforçou o pedido que há muito tempo repetia para Heloísa: - Estude o Livro dos Médiuns, vai ser bom para você entender melhor o dom que está em suas mãos.

- Tá bom Oliveira; tá bom, chefe - disse ela com um indisfarçável ar de criança, logo quando é repreendida pelo dever de casa não apresentado na escola.

Mais alguns minutos e os irmãos gêmeos Pedro e Paula entraram, cumprimentaram a todos e tomaram seus respectivos assentos. Ambos são frequentadores da escola de mediunismo do Centro Espírita, leitores assíduos das obras da Doutrina e dos autores fidedignos das revelações do outro lado da vida.

Ela estava desenvolvendo a psicofonia, comumente chamada de "incorporação", enquanto Pedro se dedicava a aprimorar a própria conduta moral, exercitar a paciência e a compaixão ao doutrinar os espíritos que se comunicavam através da irmã.

Com todos os companheiros reunidos, Oliveira requisitou silêncio e concentração aos demais. Assim, ele daria início à tarefa mediúnica com uma prece de abertura e com a leitura de um trecho do Evangelho Segundo o Espiritismo, previamente determinado pelos orientadores da Apometria.

03 UMA NOVA FERRAMENTA DIVINA

Realizada a leitura do Evangelho, foram-se iniciadas as tarefas daquela noite, marcante na vida de todos os médiuns que eram assistidos de diversas formas. Os espíritos benfeitores aplicavam passes magnéticos em seus pupilos para mantê-los livres das sensações alheias e focados nas mensagens. Enquanto isso, outros auxiliares inundavam a sala em tons multicoloridos, no propósito de favorecer a todos que lá entrassem.

Poucos minutos haviam transcorrido quando Oliveira, utilizando o dom da palavra associado ao poder mental, passou a condensar e dinamizar as energias que seriam utilizadas durante a Apometria.

Direcionava contínuos comandos mentais e mesmo sem entender bem o motivo, sentia um impulso inexplicável de dar leve estalada de dedos, gesto que ocorria após cada determinação exteriorizada dos seus pensamentos. Mal sabia ele que esse ato relativamente simples de executar, potencializava e projetava fluidos psicoespirituais.

Há algum tempo, os mentores daquela tarefa mediúnica estabeleceram que a primeira parte do socorro seria completamente destinada ao atendimento dos espíritos que desencarnaram em grande sofrimento.

Logo começaram as manifestações mediúnicas. Oliveira sintonizou com um espírito em condições precárias de equilíbrio emocional, o qual ainda mantinha estreita ligação com o nazismo. Aos olhos dos clarividentes, podia-se observar o nível de degradação perispiritual em que se encontrava o comunicante, cegamente obcecado em cumprir sua missão – vigiar um dos campos de concentração utilizados na segunda grande guerra mundial – ofuscado pelo ódio e pela tola ideia de superioridade ariana. Esse irmão em desespero oculto foi sendo orientado por Édina.

- Seja muito bem vindo, meu amigo.

Demonstrou certo estranhamento e um pouco de irritabilidade por desconhecer o que estava acontecendo com ele. O espírito não tardou a manifestar-se através de Oliveira, por meio da psicofonia com um forte sotaque alemão.

- Onde estou? Onde estão aqueles vermes inferiores que eu devo vigiar e punir? Quem é você e quem são essas pessoas que me trouxeram para este lugar?

Dizia Édina: - Acalme-se, todas as suas indagações serão respondidas no momento apropriado ao seu entendimento. Agora, a nossa maior preocupação é com você, com a sua dor e com o vazio que lhe sufoca há décadas. Estamos aqui para lhe libertar e lhe mostrar um novo caminho a percorrer. Uma oportunidade divina acaba de surgir a sua frente. Aproveite, meu irmão, e ajude-se a minimizar o peso que tanto lhe atormenta o coração.

O espírito deixou-se tocar pelas doces palavras da doutrinadora e pelos benéficos fluidos que lhe eram aplicados pelos enfermeiros da luz. Ficou sem reação e apenas manteve-se em silêncio, deixou o conforto tomar conta de todo o seu ser. O carinho que fora recebido o fez cair em pranto de gratidão.

Ângelus esclareceu aos estudantes em intercâmbio de conhecimentos que os espíritos desencarnados, geralmente por estarem há longa data perambulando entre vales de desespero, eram convencidos com mais facilidade a mudar a própria postura mental e a conduta moral em desajuste com a ordem de Cristo.

Olhando no fundo dos olhos de Gustavo, o augusto diretor espiritual disse mais: "- Em verdade, o que nossos irmãos na erraticidade precisam é de amor. Muitos até se esquecem do afeto e da dedicação das pessoas que lhes foram queridas quando em vida, motivados por sentimentos torpes, como revolta, inveja, cobiça, ódio e tantos outros desejos vis. Os pobres seres tornam-se cegos a qualquer tipo de ajuda que lhes é oferecida. Por isso, demoram longo tempo vivenciando os mais perversos e variados tipos de infernos dantescos, que acometem a consciência em processo de autopunição, culpa e até mesmo de desprezo contra o próprio Deus."

Simultaneamente à "incorporação" de Oliveira, uma mensagem psicográfica estava sendo transmitida por Heloísa, que mantinha nítida percepção do teor da carta. Sentia-se profundamente comovida a cada linha transcrita.

"Querida mamãe, tenho muito ainda para lhe dizer, mas, antes de tudo, quero que saiba que estou bem. Logo após o acidente com o nosso carro, vi-me fora do meu corpo, fiquei um tanto confusa com tudo aquilo, havia muito sangue sobre minha matéria, já sem vida. Isso me assustou e me atordoou um montão".

"Mas nada disso se compara ao desespero de ter visto você e o papai presos entre as ferragens. Percebi que você estava inconsciente e, por uma fração, olhei no fundo dos olhos do querido papai, que buscava em vão se libertar dos ferros e movimentar-se para tentar ajudar a gente. Nessa hora, minha mãe, eu não sei nem ao certo como explicar - mas acho que foi a minha oração - esqueci-me completamente de mim e pedi a Deus e ao Anjo da Guarda que salvassem vocês".

"Fechei meus olhos e rezei do jeito que você me ensinou. Em segundos ou menos até que isso, uma luz muito acolhedora e reconfortante envolveu vocês. Ao meu lado estava um senhor que me olhava com muito amor, parecia até que ele era da família. Eu disse para ele que eu queria ajudar e ficar ali até que viessem os bombeiros para salvar vocês dois. Daí ele se ajoelhou e tocou minhas mãos, disse que estava na minha hora de partir. Disse também que eu iria para um hospital no céu. Aí, mamãe querida, eu chorei, muito! Perdoe-me por não ter ficado ao seu lado naquela triste situação".

"Acordei num quarto com flores brancas, lençóis bem branquinhos, mas que mudavam de cor! Adorei aquilo. Depois os enfermeiros que cuidavam de mim disseram que as cores mudavam de acordo com a necessidade do meu tratamento. Fiquei um tempo relativamente grande em recuperação. Mas, todos os dias eu pensava em vocês e, de vez em quando, eu recebia notícias de como vocês estavam".

"Conheci muitas crianças aqui, umas desencarnaram da mesma forma que eu, outras foram abortadas e tem até algumas que morreram cheias de queimaduras. A tristeza de ficar sem os pais é muito grande e todos nós sentimos muito".

"Aqui todo mundo tem parentes e quem está cuidando de mim é o vovô Bernardo. Ele está aqui comigo e manda dizer que está com saudades da filhinha dele, diz também que sempre a visita quando a tristeza a pega mamãe. O vovô pede para vocês terem força e confiança na Providência Divina, pois nem você nem o papai estão desamparados e que, no momento adequado, vamos nos reunir novamente. Está próximo de me despedir, mas saiba que, sempre que for permitido e conveniente, eu mando uma carta. Fiquem com Jesus, papai e mamãe".

"Amo Vocês".

Francis L.

Ao final da psicografia, Heloísa tinha absoluta certeza de quem se tratava. Era sua sobrinha que sofrera um acidente automobilístico no ano anterior, deixando um vazio muito grande no ambiente familiar.

A médium não conteve o choro misturado com soluços abafados e, com um profundo agradecimento, dobrou cuidadosamente a mensagem e, com carinho, colocou-a no bolso do casaco, para, depois do expediente mediúnico, entregar o precioso presente do Pai Celestial à sua irmã, que desde o fatídico desastre sente um dilaceramento sem fim dentro do coração. Com muito esforço, passa os dias na tentativa de superar a tragédia que abalou completamente sua vida.

Vive fazendo uso de fortes remédios para depressão e de sessões de fisioterapia, desistiu de acreditar em um Deus bom e sábio. Culpa o destino pelo acidente e pelo abismo que se formou entre ela e o marido. Ele se anulou para a vida, enfrenta um intenso processo de autopunição. O homem sente-se culpado por não ter podido evitar a fatalidade.

Heloísa pensou imediatamente: "espero que com essa carta, minha irmã e meu cunhado revivam e voltem a ter o desejo de ver a luz do sol. Acho até que a partir de agora eles desejarão vir ao Centro Espírita, quem sabe eles encontrem aqui o auxílio de que tanto necessitam. Deus queira".

Sentindo-se muito amparada naquela noite, Heloísa agradeceu-lhes novamente e pôs-se a rezar com o intuito de favorecer a harmonia da tarefa, que ainda estava sendo realizada pelos companheiros espíritas.

Ao notar certo interesse dos amigos espirituais, Ângelus explicou:

- A família da médium sofreu muito com o desencarne, teoricamente prematuro da pequena Francis que, com apenas onze anos de idade, chegou ao fim da sua jornada nesta encarnação. Para os familiares ficou a prova da resignação e da busca por valores que não sejam os materiais, mas sim os do espírito. Todos ainda precisam encontrar Deus. Em verdade, eles precisam "querer" deixar que o amor Maior os encontre e toque o íntimo de cada um deles. Somente assim, o sofrimento e a dor poderão ser amenizados e então eles estarão prontos para uma nova etapa, na qual outro espírito simpático poderá reencarnar no meio de convívio deles.

Os aprendizes apenas concordaram balançando positivamente as cabeças, enquanto voltavam suas atenções a outra dupla de médiuns, os gêmeos Pedro e Paula.

A moça modificou sua postura habitual, tomou uma posição mais ereta, franziu levemente a testa e deixou o espírito comunicante se manifestar em um tom vocal sutilmente rouco.

- Por que me trouxeram a este local? Não tenho nada para aprender aqui. Tudo o que eu preciso já está em minha posse, arquivado na minha mente. A não ser, é claro, que o motivo de me encontrar aqui, evidentemente, seja para ensinar alguma coisa. Todavia, você não me parece digno de obter uma ínfima parcela dos meus conhecimentos, que estão acima da sua compreensão.

Pedro ficou intrigado com o estilo de argumentação do espírito. Desconfiou um pouco do ar de superioridade que demonstrava, porém, sentiu uma grande vontade de investigar mais a fundo e indagou:

- Primeiro de tudo meu irmão, seja bem-vindo. Não tenho o desejo de lhe constranger, de forma alguma. Entretanto, eu gostaria de saber um pouco mais a respeito da sua situação, dessa forma, poderemos direcionar mais adequadamente o método para ajudá-lo.

- Meu jovem, eu não preciso de ajuda. No entanto, se você quiser saber um pouco mais sobre quem está a interrogar, abre bem os seus ouvidos, pois a sua oportunidade será única.

Prosseguiu deixando transparecer leves sinais de arrogância. Invariavelmente, sentia uma vontade incontestável de revelar toda a sua história, há séculos guardada no fundo da alma.

- Encontra-se diante de um membro do alto escalão do Clã das Serpentes Vermelhas.

- Serpentes Vermelhas? Perguntou Pedro, demonstrando seu desconhecimento sobre esse assunto.

- Somos uma organização que há milênios influencia as inúmeras corporações de encarnados inescrupulosos, que venderiam a própria alma em troca de favores. Agimos sutilmente, instigando a cobiça e a ganância ávida de poder. Em troca, quem comanda o mundo somos nós. Em outras palavras, estamos à frente dos centros nervosos que impulsionam este globo, comandamos as finanças, as religiões desvirtuadas, os governos e os interesses da sociedade conforme o nosso próprio interesse.

- O irmão poderia esclarecer melhor?

- Somos oriundos do continente que mais propiciou avanços e inovações científicas, tecnológicas e conhecimentos de astrologia e manipulação de elementos vitais para este planeta.

- Mas de qual região da Terra o irmão faz referência?

- Atlântida, o berço da humanidade.

Pedro ficou boquiaberto e percebeu que diante dele encontrava-se um mago negro com enorme poder mental, pois há milhares de anos postergava a própria reencarnação. Sob a inspiração dos mentores de luz, o médium doutrinador repassou ao espírito Atlante a intenção e a necessidade de promover um novo encontro para a continuidade da conversa.

Por sua vez, o mago da antiga Atlântida sentia um inexplicável conforto ao receber os fluidos energéticos emitidos pelos médiuns e aceitava, inconscientemente, os passes aplicados pelos trabalhadores do outro lado da vida. Por fim, concordou de pronto em seguir com a conversação em momento oportuno. Logo em seguida, despediu-se.

Sem delongas, Ângelus transbordou em alegrias ao dizer que esse espírito que acabara de se comunicar era há muitos anos esperado ali no Centro Espírita. Por incontáveis vezes, havia liderado incursões para resgatá-lo das profundezas do Vale da Arquepadia. Muitas tentativas foram infrutíferas, no entanto, por algumas vezes foi possível implantar na mente dele algum sentimento que o aproximasse das lembranças humanas na carne. Ao incutir-lhe, suavemente, a sensação de que ele também é um filho de Deus.

Na última investida, ele reconheceu que entre os missionários que foram salvá-lo estava um ente que lhe fora de grande apreço; deixou-se, então, ser envolvido pelas pétalas do amor, as quais o preparavam para o verdadeiro despertar.

Entendam que o nosso irmão ainda está enraizado no orgulho. Atualmente ele se encontra em tratamento num Posto de Socorro próximo às faixas umbráticas, onde as energias são mais densas. Isso evita um choque maior entre as vibrações do Alto e do próprio perispírito dele, o que poderia ocasionar sérios danos à sanidade perispiritual do paciente.

Gustavo não se conteve e questionou:

- O que ele tem de tão especial? Não vejo grande motivo para serem dispensadas várias expedições, muitos cooperadores e aparatos para resgatá-lo do próprio desejo de permanecer sem reencarnar.

- Acima de tudo, ele é um filho de Deus, assim como você, eu e tantos outros em situações desagradáveis para qualquer pai.

O Mestre não vira as costas para seus filhos amados. Quando chega o momento certo, Ele traz os para Sua direita. Além do mais, Néllys – eis o nome dele – é um ser que está gravemente comprometido com os médiuns e as atividades desenvolvidas neste Centro Espírita. Chegou o momento oportuno de aprendermos e nos aprofundarmos ainda mais no auxílio aos que nesta casa de bênçãos se refugiam. Mas, antes que ele possa ser útil e ajudar os mensageiros da luz, precisamos com urgência ajudá-lo a se ajudar.

Finalizada a etapa inicial da sessão mediúnica, Oliveira perguntou se todos os médiuns estavam bem. Então comentaram as situações que surgiram, absorveram o aprendizado e fizeram as respectivas anotações para estudo posterior.

Feita uma breve reflexão, o dirigente da mesa apométrica solicitou que todos permanecessem com os pensamentos elevados, pois daria início ao atendimento às pessoas encarnadas a partir daquele instante.

Abriu a porta que dava para a antessala, cumprimentou a moça que aparentava muita ansiedade e, gentilmente, pediu a ela entrasse, a fim de que lhe fosse realizada a terapia espiritual através da apometria.

Ela entrou, sentou e entregou a ficha com todos os seus problemas relacionados em tópicos. Oliveira leu-a em voz alta para que todos os médiuns se direcionassem de maneira mais eficaz para o tratamento, apresentou-se para a jovem que o olhava com graciosidade, explicou resumidamente que nada que ocorreria naquela sala seria sobrenatural, tranquilizou-a e pediu para que ela fizesse a oração de abertura junto com todos e, por fim, disse:

- Clarisse, a partir de agora, confie na Providência Divina entregue o seu coração a Deus.

04 O DESPERTAR

Em um sucinto pronunciamento, Ângelus, atenciosamente, explicou aos jovens espíritos em aprendizagem de Cristo que o atendimento prestes a ocorrer seria muito interessante e diferenciar-se-ia em alguns pontos daquele que acabara instantes atrás.

- Meus jovens, a Apometria é uma terapia alternativa e dinâmica enviada pelo Alto, para o benefício dos encarnados que procuram saúde e bem estar através desta técnica. Lembrem-se de que a reforma íntima é imprescindível para que o tratamento alcance êxito e sucesso pleno. Aqui o foco é a cura através do desdobramento mediúnico das personalidades em desajustes, componentes do bloco inconsciente das pessoas.

- Como assim? Intercalou Gustavo, que demonstrava ser o "porta-voz" das dúvidas entre os acadêmicos espirituais.

- Reparem que daqui a pouco haverá manifestações mediúnicas. A diferença principal é que, ao invés de os médiuns "incorporarem" os espíritos que se encontram no Além, eles irão sintonizar a mesma frequência das personalidades conturbadas da paciente. Logo virão à tona todos os problemas que influenciam na saúde psicossomática de Clarice.

O nobre mentor notou certos olhares apreensivos e não perdendo tempo disse: - Vou esclarecer melhor. Estas personalidades em desalinho trazem a lembrança e os hábitos de outras vivências ou mesmo da atual existência; os possíveis vícios, tendências sexuais, apegos, revoltas, paixões, sentimentos bons ou negativos. E, inconscientemente ou por vontade própria, afetam o dia a dia das pessoas. Podem contribuir para atingir os objetivos almejados, como podem também atrapalhar certos desejos que lhe causem algum tipo de repulsa ou contrariedade, simplesmente terminam por dificultar a caminhada ascendente. Sem saber, prejudicam a si mesmos.

Todos perceberam que o tratamento iniciaria quando, em resumo, Ângelus concluiu: - os médiuns irão "incorporar", ou seja, sintonizar conscientemente as personalidades que influenciam a vida de Clarisse. Notem que elas demonstrarão os hábitos, podem revelar os medos, angústias e desejos que ela guarda em seu interior a sete chaves. Quando todos os medianeiros estão envolvidos com os propósitos Maiores e dispostos a se entregar de corpo e alma através do estudo da Doutrina Espírita e da prática da caridade, as comunicações são mais límpidas e o resultado é muito mais eficaz. Agora, queridos pupilos, atentem aos acontecimentos.

Paula, imediatamente após a abertura do atendimento apométrico, começou a soltar muitas gargalhadas, indicando ter sintonizado uma personalidade de Clarisse portadora de grande carga de arrogância. Com a paciência que lhe era comum, Pedro deu as boas vindas à parte oculta da paciente que acabara de se expressar e iniciou o trabalho de doutrinação.

- Irmã, eu percebo que seu estado perispiritual não está dos melhores, por isso não consigo ver os motivos que provocam tanta vontade de gargalhar desta forma.

- Isso não é da sua conta!- esbravejou a personalidade de Clarisse que estava "incorporada" na médium.

- Eu posso ajudá-la e, se você permitir, juntos, nós poderemos sanar todo esse desespero interior que a faz sentir vazia.

Passaram-se alguns segundos de silêncio na psicofonia, até que veio o consentimento da personalidade manifestante em se autoajudar. Assim, como se fosse um tratado sigiloso, foi iniciado o tratamento.

Pedro, sob a orientação dos técnicos da cromoterapia, pedia à médium, e também à personalidade sintonizada, que ambas visualizassem um véu lilás sobre a forma perispiritual. Esclareceu que esse manto fluido seria absorvido pela mente em transtorno; transmutando, dessa maneira, as formas de pensamentos contrárias ainda ao atendimento, o que facilitaria muito a atuação dos benfeitores espirituais.

Sentiu grande alívio e, com a mente mais apta a aceitar as orientações salutares, a personalidade em sofrimento psíquico iniciou o relato das suas dores mais secretas.

- Venho de uma família aristocrática, sempre acostumada aos luxos, mordomias e favores que me eram destinados. Poupada dos dissabores, apenas "passei" pela vida, muitas vezes em grande monotonia, abastada, porém, de bens materiais e de pretendentes que faziam de tudo para ter uma oportunidade de me cortejar.

Pedro pediu por mais detalhes a fim de encontrar a origem dos desajustes que perturbam a Clarisse dos dias de hoje, deixando-a bem à vontade para conversar sobre aquilo que mais a afligia.

- Chamo-me Leopoldina, vivi no Brasil colonial, nascida em berço de ouro, como lhe disse anteriormente; apenas "passei" pela vida.

O doutrinador percebeu a tristeza no tom daquela voz e começou a fazer as conexões entre a vida passada que estava sendo revelada e a encarnação presente. Entendeu que parte do vazio era originária de outra vivência, em que fora rodeada por serviçais, abonada, nunca provara qualquer tipo de ausência material e na qual havia optado por cruzar os braços em prol dos menos favorecidos. Até então, ela estava repetindo os mesmos erros, casada apenas por conveniência financeira, permanecia infeliz.

- Irmã, essa existência a que você se refere não pertence mais a esta atual encarnação. Essa sensação de inutilidade não pode continuar fazendo-a sofrer. Infelizmente, você não soube a melhor forma de lidar com os benefícios do ouro que esteve em suas mãos. Benefícios estes que estão novamente lhe sendo dispostos. Mas, para Deus, nunca é tarde para recomeçar e agora você está recebendo uma oportunidade de conduzir coerentemente sua vida. Aproveite e agarre essa chance com desejo de acertar. Deus não coíbe a riqueza, Ele quer que saibamos utilizá-la em benefício de muitos e não somente para a satisfação própria.

- Sim, entendo. Melhor, eu vejo que não estou mais com as vestimentas que habitualmente eu usava, engraçado isso. Até a minha aparência mudou. Posso afirmar que estou igual a minha parte física – Clarisse – e começo a me sentir melhor.

- Exato minha irmã! Ao aceitar a ajuda e reconhecer a urgência de modificação interior, o dinamismo Superior passa a atuar. O Salvador nos deixou dito: "Ajuda-te e o Céu te ajudará". Aqui é o principio rumo à evolução espiritual.

- Mas há muitas coisas que eu ainda gostaria de compreender.

- Quando você abriu uma brecha para o socorro espiritual, toda uma equipe de Voluntários da Luz imediatamente passou a aplicar energias quânticas em seu benefício, olhe ao seu redor e enxergue a infinidade de matizes multicoloridos que a envolvem. Você recebeu passes magnéticos que contribuíram para restituir sua saúde psíquica. Mas, por hora, você irá seguir com os enfermeiros da Casa, eles a conduzirão a um Centro de Recuperação. Lá você estará entre irmãos e, aos poucos, você receberá orientações e as informações que tanto deseja saber.

- Muito agradecida.

- Segue com Deus, querida.

Clarisse observava cada médium em ação, às vezes até se assustava com os trejeitos demonstrados - idênticos aos que ela fazia costumeiramente. Mesmo sem entender direito o que estava acontecendo, sentia um grande entusiasmo e tentava ao máximo ouvir cada diálogo.

Enquanto isso, Oliveira estava sintonizado com uma personalidade que apresentava ter aproximadamente sete anos de idade. Demonstrava certa timidez e vocabulário peculiar baixo das crianças dessa faixa etária. Dizia com tristeza e aflição aprisionada dentro do peito:

- Estou só, presa no quartinho que fica embaixo das escadarias que levam ao segundo andar da casa, sinto que o ar aqui está pesado, sufocante, o calor também incomoda, está muito abafado aqui dentro. A sensação é que está faltando ar, minha garganta está seca, o pó deste cubículo me afoga.

Édina, a doutrinadora do dirigente da mesa apométrica, através da clarividência, visualizou Clarisse em tenra idade, rogou o amparo dos mentores e iniciou uma conversação fraterna, procurando, ao máximo, deixar a menina o mais à vontade possível para poder chegar à origem daqueles tormentos.

- Querida, estamos aqui para ajudar você; veja que ao seu lado se encontra o seu anjo da guarda, pode confiar nele. Note que ele está lhe oferecendo as mãos para tirá-la deste ambiente que tanto agride seus sentidos e prejudica seus sentimentos.

- Tenho medo.

- Medo de que? Você não está mais sozinha.

- Meu pai me deixou de castigo aqui. Ele sempre diz que eu faço muitas coisas erradas, que eu apronto e não deixo que ele seja feliz, diz que só dou desgosto para ele e que seria melhor se eu não houvesse nascido. "Pelo menos que fosse um menino", repete ele todas as vezes que me deixa aqui e, por fim, fica ressentido por eu ter que seguir os sonhos da mamãe e não os desejos dele.

As lágrimas que escorriam pelo rosto do médium significavam a mais pura expressão de tristezas que aquela mulher acumulava desde criança. O que gerou certa comoção em Édina que, mesmo acostumada a situações de grandes sofrimentos, mal se conteve. Ela, em seguida, se recompôs e prosseguiu em auxílio à personalidade de Clarisse que estava revelando um trauma ocasionado na infância, que há muitos anos acarretava prejuízos e lesões psicológicas à paciente.

- Mas, Clarisse, perceba que esta realidade que você está me descrevendo já não existe mais, hoje você é uma moça crescida, não tenha receio, liberte-se desse lugar desagradável que tanto lhe prende a lembranças dolorosas. Veja a luz fora desse quarto e siga em direção a ela, aceite o conforto do amor incondicional de Deus e deixe esse local para sempre.

- Eu saio sim, mas meu pai não pode saber que eu saí do castigo.

Tudo bem Clarisse, nós não vamos contar para ele. Agora vamos ajudá-la a superar essa triste etapa da sua vida.

A doutrinadora, então, impôs as mãos sobre o chacra frontal do médium que estava "incorporando" aquela personalidade e conectou-se às orientações vindas do Plano Maior, deixando-se ser conduzida pelos mentores - servia de fio condutor de impulsos magnéticos prateado-violeta, desbloqueando o respectivo vórtice.

Após isso, uma dúzia de pequenas silfes – espíritos elementais do ar – rodearam a cabeça de Clarisse e através de suas minúsculas mãos passaram a projetar uma energia vibracional, que mais parecia um cântico sagrado, livrando a mente da paciente das amarras e dos temores enraizados do passado. Transcorridos poucos minutos de silêncio e oração direcionada, Édina continuou.

- Sinta seu coração mais leve agora, livre daqueles pensamentos cimentados nas mágoas decorrentes dos castigos físicos e psicológicos que você sofreu. Você não foi culpada de nada, absolutamente nada. A partir de agora você vai se sentir mais feliz, sem o peso imposto pelos artifícios do seu pai. Porém, ainda existem outros passos que você precisa dar.

Nesse ínterim, a médium doutrinadora explicou a importância em trabalhar o perdão ao pai, mesmo que em outra época ele tenha causado danos aos sentimentos dela. Explicou-lhe que urgia a necessidade de perdoar, disse-lhe que no princípio esse perdão não seria completamente sincero, mas com insistência e muita oração direcionada ao pai, a face boa dele se revelaria e assim o verdadeiro aspecto do perdão viria à tona e a cura das mazelas seria obtida.

Enfatizou e gravou na mente da pequena Clarisse que toda vez que se guarda sentimentos baixos, como o ódio, mágoas, rancores, e temores - principalmente em relação aos pais -, esse acúmulo de negatividade fatalmente se reflete em enfermidades no corpo físico.

Com a voz trêmula, Clarisse, utilizando-se da psicofonia através da sintonia com o médium Oliveira, disse:

- Comecei a me sentir um pouco melhor. Moça, você me ensina a fazer isso? Quero ajudar outras crianças que também sofrem dessas coisas. E esses "bichinhos prateados" eram as fadas mesmo que estavam aqui me ajudando?

- Acalme-se lindinha, sua mente precisa assimilar muitas informações primordiais ainda. Por hora você será conduzida a um hospital especializado no atendimento de crianças, depois disso, você vai ser tornar adulta, igualzinha ao seu corpo físico. Quando for necessário você trará para o consciente todas as lições boas que você receber. Não se preocupe com essas dúvidas agora. O seu anjinho da guarda vai estar sempre com você e lhe explicará tudo o que instigar seus pensamentos. Segue com Deus e desconecte do médium.

- Tá bom, vou falando com ele.

Ainda focados no atendimento, a dupla de medianeiros, Édina e Oliveira, sob inspiração do Alto, decidiram por realizar o desdobramento do duplo etérico da paciente, sendo este um corpo sutil, ainda ligado à matéria e sede perispiritual dos centros energéticos que regem o corpo físico. Eles resolveram efetuar uma grande higienização e harmonização pela cromoterapia.

Com as mãos voltadas ao veículo espiritual em questão, os médiuns visualizaram chacra após chacra. Oliveira tomou a frente e iniciou pelos chacras superiores. Eles mentalizaram uma intensa cor dourada sobre eles. O cardíaco era o que aparentava maior debilidade, decorrente do armazenamento das mágoas em relação aos pais e ao marido. Nele foram injetados quinze tons de rosa em forma líquida. Nos demais centros de energia foram aplicados variáveis de cores cítricas com matizes prateados.

Finda esta parte, Oliveira tomou em suas mãos a mensagem psicografada por Heloísa, requereu a atenção de todos - principalmente da paciente - e, em voz alta, exprimiu os sentimentos das palavras contidas na carta.

"Querida filha, sinto muito se a fiz sofrer, confesso minha ignorância nos mandamentos divinos. Quando eu estava em vida, junto a vocês, deixei-me levar pelo orgulho e pelo egoísmo, chagas que carrego comigo há milênios. Falhei na missão de criar você com amor."

"A culpa que senti logo após o meus desencarne foi tão fulminante quanto o infarto que ceifou minha vida. Hoje entendo que a causa maior dos meus próprios males foi a minha conduta mental egoística e egocêntrica. Tente perdoar a seu velho pai da mesma forma que eu também tento me perdoar; rogo a Deus outra oportunidade de estar com você, fui agraciado por este breve reencontro."

"Saiba que passado o grande sofrimento que me arrebatou a alma, posso vislumbrar um futuro mais digno numa próxima vida. Estou aprendendo muito aqui e me esforço, antes que seja tarde demais, para me repatriar entre os encarnados e reparar as arestas que deixei no seu coração e de tantas outras pessoas que buscaram minha ajuda e às quais eu dei as costas".

"Filha amada, perdoe-me"

Ass. Graciliano.

A sala da apometria foi acometida da mais pura emoção. Entre soluços, lágrimas e alívio incalculável, Clarisse não conseguia encontrar as palavras exatas para sequer explicar o turbilhão de sensações que a tocavam.

Compreendendo a situação, Oliveira deu um ligeiro apanhado do ocorrido na sessão mediúnica, fez a recomendação da leitura das obras básicas da Doutrina Espírita codificadas por

Allan Kardec. Da mesma forma, indicou a coleção escrita por André Luís, psicografada por Chico Xavier. Informou a forma de proceder ao agendamento de retorno para a finalização desta etapa da terapia.

Clarisse agradeceu-lhes expressando um sorriso meio sem jeito, olhou para todos como se aquelas pessoas não lhe fossem totalmente estranhas, principalmente Oliveira, ao qual reconheceu de um passado não muito distante e partiu em direção a sua casa, pensativa em tudo que acabara de vivenciar.

Realizado o encerramento das atividades mediúnicas daquela noite, os cooperadores da Seara Espírita dirigiram-se aos seus afazeres cotidianos, comprometendo-se em estar ali reunidos na próxima semana para uma nova sessão.

Gustavo, de sobressalto, aproximou-se do mentor espiritual do Centro e com toda a sede de conhecimentos que lhe é característica perguntou:

- Nobre Ângelus, há uma infinidade de assuntos que eu ainda não compreendo, porém que aguçam a minha curiosidade. Tais como o dia a dia dos médiuns, as suas posturas mentais e morais frente aos conceitos elevados pregados pelo Espiritismo e como eles lidam com a mediunidade na vida normal. Quero muito saber como eles utilizam esse dom e os propósitos benéficos e caritativos ensinados pela doutrina dos espíritos.

- Oportunos e já esperados questionamentos. Admirável, faremos o seguinte. Por hoje, reabasteça suas energias com os fluidos alimentares e repouse seu espírito ao som da mais nobre expressão da música clássica. Pois, amanhã cedo, você terá uma companhia muito especial e instrutiva para a sua pesquisa de campo.

05 DESAFIOS DIÁRIOS

Quando os primeiros raios solares surgiram no horizonte, Gustavo inquietava-se ao lado de Ângelus, que tranquilamente falava com serenidade - sua alegria envolvia a todos numa intensa aura amorosa.

- Em instantes você saberá quem vai ser o seu parceiro na expedição observatória da mediunidade e do postulado de Kardec no cotidiano. Vocês irão analisar o desenrolar diário da "vida real" dos médiuns. Será de extremo esclarecimento. Acredito que novas linhas de pensamentos serão muito importantes para a sua aprendizagem e evolução espiritual. Tanto quanto necessárias para o desenvolvimento e aprimoramento interior do seu novo colega, que acaba de chegar. Acompanhe-me até o saguão principal, pois ele nos aguarda. Você irá, inclusive, aprender muito com esse irmão de lutas redentoras.

Para a grande surpresa e satisfação de Gustavo, quem o aguardava para compor a expedição investigativa da utilização diária dos conceitos espíritas e da mediunidade propriamente dita era o ex-mago Atlante, Nellys. Agora estava recuperado da degradação perispiritual em que se encontrava na ocasião do primeiro encontro com os benfeitores que o resgataram. Estava completamente ciente da urgência do aprendizado salutar e providencial para a própria modificação moral e intelectual que antecederá à nova descida à carne.

Cordialmente, um foi apresentado ao outro por Ângelus, que, ao rever Nellys, o abraçou fraternalmente e, sem delongas, disse:

- Amigos, vocês dois iniciarão uma jornada rumo ao conhecimento, observarão a utilização teórico-prática dos conceitos espíritas e mediúnicos. Temos seis casos distintos e de grande valia ao postulado universal codificados, com perfeição, pelo excelentíssimo Kardec.

- Seis casos? Mas a sessão apométrica foi composta por apenas cinco médiuns.

- Pois bem, caro Gustavo, vocês acompanharão o desenrolar do atendimento da paciente que foi auxiliada naquela noite, Clarisse. Vocês avaliarão os resultados obtidos pelo desdobramento mediúnico das personalidades que causavam distúrbios psicossomáticos àquela moça. Notem, aqui está o roteiro a ser seguido com precisão. Aproveitem ao máximo essa tarefa, pois ela renderá instruções valiosíssimas.

Nellys recebeu uma espécie de papiro fluídico, semitransparente, escrito em dourado. Sorriu com satisfação e, acompanhado por Gustavo, voltou sem perda de tempo à casa do médium Oliveira, que acabara de acordar.

Entretanto, permaneceu deitado por mais alguns minutos, tentando lembrar o sonho que tivera na noite anterior. Sentiu o cabelo levemente molhado e o pijama umedecido pelo suor. Justificou para si mesmo ser aquilo decorrência do calor que estava fazendo na estação. Apenas deixou os *flashes* que lhe acudiam à memória virem à tona.

Sabia que havia sonhado com muitos répteis, serpentes gigantes, lagartos talvez. Ficou sem compreender direito o significado de tantas imagens conturbadas e nem mesmo conseguia imaginar a ligação entre esses animais. Porém, a sensação de familiaridade e de convivência com esses seres lhe era um tanto peculiar. Sem dar maior relevância ao sonho, levantou-se e foi se preparar para mais um dia de trabalho. Era funcionário público, responsável pela direção do setor de licitações do município.

Ao chegar à prefeitura, passou direto pela recepção e entrou em sua sala, pressentiu que algo estava para acontecer. Poucos minutos após organizar os papéis que estavam sobre a sua mesa, entrou ali um representante de uma grande empreiteira da região e, sem aparentar nenhuma timidez e nem parcimônia, foi direto ao assunto que lhe interessava.

- Senhor Oliveira, como representante legal da empresa "X", vim lhe entregar esse envelope de bonificação, caso sejamos os únicos escolhidos para a execução das obras que o município pretende fazer nos próximos anos. Digo mais, pode ter certeza de que este é apenas o primeiro de muitos e fartos envelopes que virei lhe entregar em mãos.

Oliveira empalideceu, sentiu-se sem reação alguma e com todo o despreparo de quem não espera uma situação como essa, permaneceu em silêncio por uns instantes. Quando tentou ensaiar algo para dizer, o inescrupuloso homem que o intimidara, levantou-se e rapidamente disse:

- Ponha em seu bolso essa simbólica quantia, reflita muito bem a respeito do que falei, lembre-se de que quanto mais superfaturadas forem as execuções das obras, maiores serão as verbas em seu próprio benefício; pense e, em breve, tornaremos a negociar.

O funcionário público, comissionado em um cargo de confiança, ficou sem saber o que fazer, guardou o envelope na gaveta, quando percebeu que a secretária iria entrar em sua sala. Ela informou que o prefeito marcou uma reunião de última hora com todos os diretores de cada setor para discutir temas pertinentes à administração municipal. Ainda um pouco abalado, pediu uns minutos, recompôs-se e dirigiu-se ao encontro dos demais chefes de setores.

Nellys e Gustavo observaram tudo sem tecer comentários a respeito, durante o diálogo que presenciaram. Mas, em seguida, o Atlante, com toda a sua experiência entre os seres corrompidos pelo poder, disse:

- Não é fácil aos homens que pretendem seguir o caminho da porta estreita, as armadilhas são muitas e a razão muitas vezes fica enfraquecida quando se cede espaço aos delírios causados pela vaidade e pela ganância. Diga-me, Gustavo, percebeste os espíritos que acompanhavam aquele homem?

- Sim, eles estavam em formas animalizadas.

- Pois é, estavam cobertos por escamas, em pleno processo de "reptilização". É o preço que escolheram pagar para servirem de escravos ao Clã das Serpentes Vermelhas.

- Meu Deus, eles irão se transformar em répteis?

- Sim, mentalmente dominados como simples fantoches, tal qual o homem encarnado que veio até aqui fazer essa proposta indecorosa, servindo de fio condutor da corrupção que aflige os fracos. Ele já está sofrendo fisicamente os efeitos da própria conduta moral.

- Como assim?

- Ele possui graves problemas dermatológicos e, em breve, surgirão reações alérgicas decorrentes apenas da proximidade com esses seres. Sem falar do carma negativo que ele acarreta por atrasar a própria evolução e por corromper e prejudicar uma população inteira que poderia ser beneficiada, se tanta verba pública não fosse desviada para atender aos interesses mesquinhos de poucos. Prevejo de antemão o seu triste destino ao desencarnar e acordar provavelmente em outro orbe.

- Reencarnar em outro planeta? O que você quer dizer com isso, ele vai ser expulso?

- O juízo final, o ciclo de higienização da Terra, teve início na virada deste século. Eu mesmo imploro por outra oportunidade de renascer aqui ainda. Digamos... fui salvo a tempo, acredite, essa é minha última chance.

Gustavo calou-se e deixou que as palavras que acabara de ouvir fossem processadas e digeridas ao seu próprio caminhar. Após essa conversa reveladora, rumaram para a casa da médium doutrinadora, Édina.

Ao chegarem a casa confortavelmente decorada com bom gosto e simplicidade, puderam observar uma mãe zelosa que preparava o café da manhã aos filhos. Isso antes de levá-los para atividades extraclasses, pois as aulas dos garotos são no período vespertino.

Precedendo à refeição matinal, como de costume, Édina pediu para os meninos agradecerem aquele alimento que proporcionaria força e disposição pela manhã, bem como que desejassem do fundo do coração um "muito obrigado" ao papai que já estava no trabalho. Assim, reverenciaram o desjejum e o progenitor que diariamente providenciava o sustento familiar.

Colocou-os no carro e ligou o rádio, buscando sintonizar uma estação que naquele horário só tocava músicas instrumentais muito agradáveis. Deixou-se embalar pelos pensamentos de autorreflexão.

Por telepatia, os dois espíritos que a acompanhavam pelo trajeto puderam captar uma nobre devoção às responsabilidades para com os afazeres familiares e espirituais.

Édina avaliava a harmonia existente em seu lar e agradecia imensamente a Deus por essa dádiva. Lembrava que suas amigas viviam se queixando de problemas de relacionamento com o marido, filhos, sogra. Ela, entretanto, não possuía queixa alguma, pois juntos superavam os empecilhos e eventuais dificuldades.

Ela e o marido tinham como base o diálogo entre os cônjuges, coisa que, desde a época de namoro, sempre fora ponto fundamental no relacionamento dos dois. Desde que ela iniciou o estudo sistemático e dedicado à Doutrina Espírita, eles realizam, pelo menos uma vez por semana, o culto do Evangelho no Lar, com todos os membros da família e, às vezes, com a presença dos amigos mais íntimos.

Agradeceu também por seguir um conselho maravilhoso que recebera durante o período gestacional. Seguiu a orientação de tomar passes magnéticos e de fazer diariamente com o marido conversas "ao pé da barriga", dizendo aos meninos o quanto eles eram amados, desejados e que seriam muito bem-vindos.

Deixou as crianças na escola de idiomas e foi até uma livraria no shopping ali pertinho procurar um livro. Ao entrar na loja, olhou ao redor e foi direto à seção dedicada aos livros espiritualistas. Sentia que precisava buscar novos conhecimentos e pô-los em prática, tanto no Centro Espírita que frequentava há anos, quanto dentro de sua própria casa em benefício dos entes queridos.

Édina simplesmente deixou que o livro a encontrasse, sentiu uma imensa e inexplicável atração por um que tratava de assunto um tanto mal visto aos olhos de muitos, decidiu quebrar os próprios paradigmas e adquiriu um exemplar que abordava em seu teor os profundos aspectos da Umbanda.

Gustavo comentou:

- Ótima escolha, nossa irmã precisa vencer seus preconceitos e aprender com os humildes pretos-velhos a ajudar os mais necessitados e a utilizar de maneira coerente e desinteressada os conhecimentos centenários desse povo. Por enquanto, deixemos esse confrade espírita e nos desloquemos a outro lugar.

Nellys apenas concordou balançando a cabeça positivamente, e partiram para o local onde Heloísa se encontrava.

Passava um pouco das dez horas da manhã e a médium habituada a psicografar mensagens oriundas da vida além da vida acabara de adentrar a academia de ginástica que frequentava todos os dias.

Ela adorava aquele ambiente, pois em seu íntimo sentia o ardente desejo de exibir suas formas esculpidas ao longo dos anos. Exercitava-se visando a uma condição física perfeita, como nos tempos em que vivera na Grécia. Novamente, deixou-se envolver pela vaidade e esqueceu os benefícios à saúde que são proporcionados pelas atividades físicas moderadas. Seu círculo de amigos sempre fora composto por pessoas com os mesmos interesses de louvor e dedicação ao corpo físico.

Gustavo perguntou ao companheiro Nellys, logo que puderam se conectar aos pensamentos de Heloísa:

- Será que ela se lembrará da carta psicografada, contendo a mensagem da sobrinha desencarnada? Refiro-me à benção de poder receber um relato tão impressionante do lado de cá e de aprender com isso, tentar ser uma pessoa melhor e de, ao menos, sentir-se agraciada por amenizar o sofrimento dos outros utilizando a mediunidade.

- Amigo, aguce a sua visão e perceba a escura camada vibracional que está sendo formada ao redor do perispírito dela. Essa energia densa e pesada é derivada dos pensamentos inferiores que ela está tendo agora. Parte do inconsciente da médium está fixada nos vales do sexo, perdida em orgias desgastantes e degradantes ao próprio espírito dela. Acredito firmemente que a situação não está pior, porque pelo menos nas tarefas realizadas no Centro Espírita, ela tenta se esforçar para elevar os seus pensamentos aos céus e deve ser enormemente auxiliada pelos benfeitores desencarnados.

- Mas, de que adianta cultuar somente o bezerro de ouro, ou exclusivamente os prazeres do corpo, descuidando do espírito e do crescimento moral, sendo que o único bem verdadeiro que se carrega ao desencarnar é a bagagem espiritual, seja ela bem aproveitada ou desperdiçada? Daí, nesse último caso, leva-se somente o peso da culpa pela oportunidade perdida e pelos possíveis agravamentos do carma pessoal ou coletivo.

- Bem o sei. Como te disse em outra ocasião, esta pode ser a minha derradeira reencarnação aqui na Terra, devo colher ao máximo os conhecimentos no meu período na errância, para poder aplicá-los em breve, quando novamente eu me encontrar em corpo físico.

Nesse momento, Gustavo indicou a aproximação de um rapaz de porte atlético, mas sua aura aparentava estar intoxicada, danificada pelos anabolizantes comumente usados para obter resultados rápidos e sem muito esforço. Ele parou para conversar com Heloísa, era um ex-namorado dela, que, sem nem comedimento e censura, propôs um encontro meramente sexual, apenas para "matar a saudade" e curtir alguns momentos juntos. Ela prometeu pensar no assunto e disse que qualquer coisa ela ligaria quando anoitecesse para combinar o encontro.

Os dois espíritos se entreolharam e, visto que estava próximo do horário combinado com Ângelus, foram ao encontro do excelso dirigente espiritual para relatar todos os fatos que observaram e aquilo que conseguiram aprender nessa pesquisa de campo durante o período matinal. Ambos sabiam que à tarde outros tantos acontecimentos trariam novas lições.

06 CENTRO PSIQUIÁTRICO "MENINO JESUS"

Novamente, reunidos no acolhedor Centro Espírita, Gustavo e Nellys foram recepcionados por Ângelus, que logo os apresentou ao Dr. Silvano - título pelo qual era conhecido quando estava entre os encarnados, mesmo que para ele o título de doutor fosse mera e banal formalidade. Entretanto, não se importava com esse prefixo em seu nome; pois suas ações voltadas ao bem estar mental e espiritual, quando em vida física, ressoavam há décadas. Agora atua ativamente ao lado dos que partiram da carne e encontram-se livres em espírito. Incansável pesquisador do psiquismo humano; busca sabiamente todos os dias o aprimoramento de seus conhecimentos teórico-práticos na área da Psiquiatria. De fato, humildemente se considera um acadêmico que tenta desvendar o complexo labirinto que é a mente humana.

Ângelus foi informado de todas as situações que os dois espíritos "repórteres" observaram durante aquela manhã e, calmamente, teceu seus comentários.

- Hoje vocês puderam vivenciar o cotidiano de algumas pessoas que levantam a bandeira do Espiritismo e carregam o desafio de exercer a mediunidade segundo a vontade do Cristo, mas analisem os casos por diferentes ângulos. O Oliveira está sendo testado em sua fé na vida futura; e, fatalmente, a decisão que ele tomar, influenciará de maneira definitiva seu próximo reencarne. Caso ele se deixe corromper, será por livre-arbítrio. Nesse ponto específico, o mentor que zela por ele já fez todo o possível para alertá-lo das consequências, intuindo-o quando desdobrado pelo sono e até mesmo em vigília. Lógico que ele irá usufruir dos benefícios materiais por algum tempo, caso ele opte pela vida da imoralidade e aceite pactuar com os seres trevosos, mas sabemos que a sensação de culpa que brotará inconscientemente ocasionará graves problemas físicos e mentais, antecipando, dessa forma, o momento do desencarne. Acreditem... Não será nada fácil para ele, pois ele mesmo se afastará dos bons espíritos de luz. Abrirá espaço para a aproximação e a obsessão dos espíritos das sombras.

- Seria o tal Clã das Serpentes Vermelhas? Perguntou Gustavo.

- Sim, a obsessão sobre o Oliveira começou há algum tempo, quando ele, por descuido próprio, não se preveniu o suficiente contra situações que o comprometeriam mental e moralmente. Enquanto o médium não tomar uma resolução correta e definitiva, essa aproximação será uma constante. Porém, caso ele consiga ser mais forte do que essa provação do dinheiro fácil - porém desonesto -, as portas do céu estarão abertas para ele. Sua vida aqui na Terra será tranquila, sem a necessidade de carregar o peso nefasto da corrupção e dos malefícios causados aos mais carentes, pois é nas regiões menos favorecidas que o sofrimento é maior quando se desvia verbas públicas. O carma coletivo será implacável e, além do mais, o carma individual dele será imensamente cobrado.

- Ele é candidato ao reencarne no Planeta Higienizador, destinado aos malfeitores que serão excluídos do nosso orbe?

- Bem, vou deixar o Dr. Silvano responder essa questão para você, Nellys. Ele é o diretor técnico responsável por uma instituição no Mundo Maior que executa uma espécie de triagem e tratamento daqueles que serão expurgados da Terra.

- Para que vocês possam compreender melhor a amplitude da tarefa de seleção e tratamento daqueles que não mais reencarnarão no nosso planeta, por não possuírem a conduta moral e psicológica necessárias para a evolução planetária, vamos imediatamente ao Centro Psiquiátrico "Menino Jesus". Trata-se de um local onde recebemos os espíritos desencarnados em completa alucinação e em crônicos casos de autopunição decorrentes do acúmulo mórbido de pensamentos de culpa e remorsos pelas faltas cometidas quando em vida.

Os quatro amigos voltaram em velocidade impressionante até a Colônia de Socorro Espiritual chamada "Bom Senhor", onde está localizado o Centro de Psiquiatria. A arquitetura de todos os prédios que compunham esta cidade do Astral variava em formas e tamanhos. Em comum, tinham uma inexplicável beleza, estavam envoltos em luminosidade prateada cintilante. Os raios solares abasteciam de energia todos os complexos equipamentos utilizados pelos técnicos nos mais vastos campos terapêuticos.

O Centro Psiquiátrico "Menino Jesus" possui em sua entrada alvos e largos degraus que conduzem a um edifício imponente. O *hall* da recepção é decorado com flores exóticas que exalam aromas sublimes, ainda desconhecidos dos habitantes encarnados.

Segundo o doutor Silvano, a aromaterapia é usada logo na entrada para propiciar uma limpeza mental e estimular a elevação dos pensamentos, tanto aos visitantes e trabalhadores, quanto aos pacientes que permanecem internados nesta instituição. Toda essa preocupação reflete-se em um ambiente mais equilibrado, facilitando em muito as tarefas aqui realizadas.

Foram direto ao setor dos recém chegados, lá o doutor Silvano cumprimentou dois enfermeiros que dedicavam cuidados muito específicos ao paciente em questão. Solicitou a atenção de todos e, com prontidão, começou a explicar o caso detalhadamente.

- Anastácio desencarnou sob fortes efeitos alucinógenos. De tanto enxergar-se enforcado, cometeu o suicídio da mesma forma que as tormentosas visões lhe sugeriam, pensando que dessa forma seu calvário particular chegaria ao fim. Ledo engano, perambulou no vale dos suicidas por inúmeras estações, até que teve um segundo de sossego e passageira lucidez, o qual aproveitou para implorar a Deus que lhe enviasse algum anjo para salvá-lo dos charcos em que estava afundado até o pescoço.

Foi trazido para esta colônia e agora recebe auxílio direto até que recobre a sanidade mental.

- E depois? O que vai acontecer com ele? Perguntaram ao mesmo tempo Gustavo e Nellys. O doutor Silvano sorriu devido ao interesse de ambos e prosseguiu com as explicações.

- A sabedoria de Deus é realmente infinita e justa. Anastácio é um irmão que está sendo preparado para reencarnar num orbe inferior. Mas ele não renascerá num planeta primitivo carregado dessas dores que o estão massacrando intimamente, deixando-o anulado a qualquer bom pensamento que ele possa ter.

- Ah, então ele vai ser curado antes de ser extraditado?

- Digamos que sim. Aqui vamos trazê-lo à consciência dos seus atos, nós o aliviaremos da cruz do remorso torturante. Agora que ele está livre de seus perseguidores no além túmulo, será mais fácil ajudar esse irmão. Depois ele será encaminhado ao setor de "Assistência Psicológica" onde será feito o esclarecimento exato dos motivos que o levarão a reencarnar num planeta inferior ao planeta Terra. Feito isso, a aceitação de uma nova existência regeneradora em um ambiente hostil será menos traumática e dolorosa para o ego ainda infantilizado.

- Mas, o que ele fez de tão grave para pagar um preço alto assim?

- Seguramente você já ouviu o ditado popular "aqui se planta, aqui se colhe". Existe um teor verdadeiro nisto. Esse pobre irmão está colhendo um fruto muito amargo e doloroso, ocasionado pelos próprios desatinos. Aproximem-se do centro frontal dele e concentrem-se nas imagens em terceira dimensão que surgirão diante de nós.

Nesse instante, todos passaram a ver o trajeto que Anastácio traçou por toda sua última existência terrena. As cenas surgiam numa realidade virtual impressionante, o áudio fluía com perfeita nitidez na mente de cada um dos observadores.

Anastácio foi um menino de classe alta, acostumado a incontáveis mordomias, filho de pai envolvido com política, mais conhecido pela alcunha de "coronel". Sempre teve todos os bens que desejou. Aos treze anos engravidou a filha da empregada que trabalhava na mansão dos seus pais. A moça era uma jovem serviçal humilde, analfabeta que se deixou envolver pela prematura lábia do astuto pré-adolescente.

O rapaz, desde cedo, começou a demonstrar o perfil do seu caráter ao negar a paternidade. A empregada foi mandada embora, carregando a filha com o bebê em seu ventre. A jovem foi acusada de tentar dar o dito "golpe da barriga". No entanto, fora iludida por promessas de amor.

Para ele foi muito mais fácil dessa forma, a mãe acobertava todos os delitos do filho, que abusava dos limites da lei por ter um pai influente no Congresso Nacional.

Aos dezessete anos, furtou o carro conversível do pai e, embriagado, atropelou algumas pessoas que esperavam a condução num ponto de ônibus. Deixou um menino paralítico e provocou a morte de uma garota. Novamente, o pai usou de seus poderes para livrar a cara do menor infrator e, como de costume, a mãe via tudo em pleno silêncio.

Viveu da adolescência à vida adulta entre farras em bordéis e abusos cometidos contra as pessoas mais humildes. Assumiu um cargo público de destaque social, favorecido pelo imperativo nepotismo. Continuou a afundar-se em desvarios. Noitadas intermináveis de sexo, assim como o uso de drogas, tornavam-se cada vez mais rotineiros.

Devido aos excessos e desregramentos de toda espécie, adquiriu o vírus do HIV. Esse foi o sinal indicativo de que ele já havia ultrapassado em muito a hora de parar com todos esses abusos. O que deveria servir de motivo para uma reflexão mais profunda a respeito da vida que estava levando e reavaliar a própria conduta. Mas, de modo contrário, contraiu matrimônio com uma jovem garota ainda virgem, que sonhava com um bom partido. Não demorou muito para ela também ser infectada pelo vírus, o que resultou em um efeito devastador ao frágil corpo físico da esposa, que veio a falecer em poucos anos. Deixou uma filha linda, livre do contágio do HIV, mas Anastácio recusou-se a criá-la e, simplesmente, abandonou a criança a própria sorte.

Como funcionário público, usou e abusou da sua posição de destaque para obter ganhos cada vez maiores; era cúmplice em desvios de recursos destinados à aquisição de alimentos para creches e escolas estaduais. Essa insanidade absoluta perdurou até os quarenta e três anos de idade. Desencarnou por complicações derivadas do contágio do HIV.

Enquanto isso, do outro lado da vida, centenas de prejudicados por Anastácio o aguardavam para poderem se vingar. Arrastado e subjugado de todas as formas, foi fácil para os justiceiros - cegos pelo ódio – levarem-no à extrema loucura, em estado de demência absoluta. Ele foi muito castigado pelos seus perseguidores que o acusavam de atrocidades sofridas até mesmo em encarnações anteriores. Outros eram os seres trevosos aos quais ele se aliou ou se aproximou por afinidade de pensamentos e ações. Porém, todas queiram cobrar a sua fatia pelos favores prestados.

- E o que aconteceu com os pais dele?

- Boa pergunta, Gustavo. Os pais do nosso Anastácio já estão prontos para serem deportados quando ocorrer a passagem para o Planeta Higienizador. Falharam em suas respectivas obrigações. Não conseguiram criar o filho com sabedoria necessária para lhe ensinar os verdadeiros sentidos da vida. Além disso, cometeram graves erros, abusando da posição confortável na qual viviam e do poder que a família exercia na região em que moravam. Não moveram uma palha sequer para socorrer nenhuma pessoa que lhes solicitou qualquer tipo de ajuda - inclusive, eles costumavam enxotar a gritos e pontapés aqueles próximos que só precisavam do mínimo para acalentar a fome. Lembrem-se de que "Há quem muito foi dado, muito será cobrado", palavras do próprio Jesus. Um sábio aviso em relação à Lei Divina.

Ângelus intercedeu e disse: - Bem, meus amigos. Creio que aqui pudemos aprender uma valiosa lição. Ou melhor, várias lições. Primeiro de tudo, não podemos jamais culpar ou tentar julgar os atos de Deus quando se efetuar a deportação dos irmãos inferiores moral e espiritualmente aqui da Terra, pois mesmo antes de eles ingressarem em uma nova existência de reabilitação, Ele ameniza as dores dos Seus filhos e lhes garante uma nova chance de recomeçar no meio que lhes é mais peculiar, quando ainda se encontram presos nos atavismos dos instintos. Podemos observar que cada atitude que produzimos gera uma determinada consequência. Ação e reação que pela lógica da sensatez. Uma boa ação é revertida em benefícios para nós mesmos e, igualmente, quando se pratica qualquer ato prejudicial, esse movimento retornará para quem o praticou em igual proporção.

Prosseguiu com a explanação: - Hoje, vocês também observaram um pouco dos afazeres da médium Édina. Vocês puderam perceber que ela leva uma vida familiar centrada na boa educação e criação dos filhos, investe no aprendizado intelectual deles sempre que a condição financeira permite. Busca a harmonia conjugal através do diálogo sincero e aberto com o marido e não deixa esquecidos os afazeres espirituais os quais se esforça para seguir e utiliza os conhecimentos das atividades mediúnicas em casa e para o crescimento espiritual de todos os seus entes queridos. Ela está no caminho certo e com certeza colherá os frutos da felicidade.

Ângelus deu continuidade aos seus pensamentos ao dizer com a alegria característica da sua aura amorosa: - No entanto, a jovem Heloísa, não está querendo ouvir as boas sugestões do seu anjo protetor. Cada vez mais ela se afasta dos desígnios sublimes que havia prometido cumprir. Aos poucos, ela está adentrando em terreno perigoso, onde a vaidade e a luxúria transformam as mentes despreparadas em um mero cérebro vazio e o espírito fica à mercê de inúmeras obsessões. Estamos de todas as formas alertando a nossa médium imprevidente dos riscos que ela está correndo...

Gustavo interrompeu e indagou:

- Mas o quanto que essa postura atrapalha na edificação dos trabalhos mediúnicos?

- Prejudica muito, pois temos que dispor das energias que seriam destinadas às pessoas que buscam socorro no atendimento mediúnico de que ela participa para "limpar" o canal condutor da médium e poder fazer com que ela receba e interprete o mais fidedignamente possível as mensagens do além. Mensagens estas tão importantes aos familiares que aguardam por notícias dos parentes desencarnados.

- Estou sem palavras... concluiu Gustavo.

- Mas não se preocupe, estamos tomando as devidas providências e, em breve, ela receberá um ultimato; todavia, estamos em estágio de preparação de outra pessoa para substituí-la, caso ela opte em se afastar de Deus e das tarefas mediúnicas que tanto amenizam suas dívidas pretéritas.

Todos agradeceram pela experiência fascinante no Centro Psiquiátrico "Menino Jesus". Abraçaram fraternalmente o doutor

Silvano e retornaram satisfeitos ao Centro Espírita para dar continuidade ao estudo de campo.

07 ABISMOS DO SEXO

Ao retornarem para o Centro Espírita, Ângelus foi chamado com urgência à sala de reuniões. Certo tempo após esse encontro, o mentor da casa aproximou-se de Nellys e Gustavo, que aguardavam ansiosos, e, com sua singular serenidade, disse aos dois:

- Mudanças de planos, meus amigos. Por determinação do Alto, antecipamos para hoje à noite uma incursão de resgate em um dos locais que mais deprimem e subjugam os espíritos dos encarnados e daqueles que se encontram do nosso lado da vida. Ao invés de vocês continuarem com as observações do cotidiano dos nossos amigos trabalhadores da seara espírita, à tarde vocês passarão por uma sessão de energização perispiritual, receberão as informações necessárias sobre a condição do local e também em relação à postura mental que vocês deverão manter ao chegarmos lá.

- Mas, que lugar é esse que requer cuidados tão específicos? Questionou Nellys, que olhava para Gustavo notando a expressão fisionômica que denunciava a curiosidade aguçada do amigo.

- Amigos, preparem-se para possíveis cenas degradantes e espíritos aprisionados mentalmente, acorrentados aos prazeres físicos. Entraremos em um ambiente úmido, entre vapores que exalam os mais pútridos odores. Encontraremos seres em completa alienação. Transfigurados psicologicamente e possuidores de graves deformações no corpo espiritual. Nesta madrugada, as condições mentais dos habitantes de onde iremos estarão um pouco mais propícias ao auxílio iluminado e salvador da Mãe de Jesus. Nossa Senhora jamais se esquece de seus filhos em sofrimento.

- Mas Ângelus, que local é esse?

- O vale do sexo.

As tarefas mediúnicas transcorreram com normalidade naquela quente tarde de verão, nem mesmo o forte calor que perdurou até o anoitecer foi capaz de abalar o ânimo dos muitos confrades espíritas dedicados à edificação da obra do Cristo. Da mesma forma, era grande o contingente de pessoas que procuravam, no Centro Espírita, ajuda e respostas para os mais variados problemas.

Ao surgirem as primeiras emanações luminosas da constelação, Ângelus foi ao encontro de Gustavo e Nellys, com a intenção de transmitir as últimas instruções.

- Vocês já foram informados de que nossa ida ao vale requer muita cautela, serenidade e, principalmente, compaixão para com os seres que encontrarmos em nosso caminho. Nesta incursão, vários outros espíritos nos acompanharão, além de alguns médiuns desdobrados, doadores dos fluidos vitais. Teremos a companhia dos sempre dispostos enfermeiros, psiquiatras, cromoterapêutas, guardiões que nos darão assistência mais direta em caso de tentativas de agressões contra o nosso grupo. Também há os batedores, espíritos desbravadores das regiões agrestes do umbral. Eles irão à frente, na densa atmosfera que atravessaremos. Nossa tarefa será a de resgatar o maior número possível de espíritos. Todos aprisionados nas teias hipnóticas do desregramento sexual. Dentre tantos espíritos, tentaremos auxiliar alguns encarnados que há tempo estão perdidos nessa região, sofrendo o assédio de tantos outros e também causando danos a si mesmos - alimentando ainda mais o circulo vicioso das energias perniciosas provocadas pelos abusos. Quando for útil, detalharei o caso. Agora elevaremos os nossos sentimentos a Deus, pois chegou a hora de partir.

A caravana formada pelos peregrinos da salvação adentrou a pesada atmosfera do umbral. Pouco a pouco, os odores do ambiente iam ficando quase insuportáveis, causando náuseas aos novatos; enquanto gritos horripilantes compunham a triste realidade deste vale, onde uivos animalizados e gemidos estridentes se misturavam, formando uma serenata bizarra.

Uma névoa quase palpável envolvia a corajosa equipe de resgate que avançava passo a passo em silêncio, com os pensamentos voltados ao Alto e com muita atenção a tudo o que acontecia ao redor.

Todos seguiam por uma estreita trilha, formada por uma vegetação rasteira em tons levemente acinzentados, composta também por pedras pontiagudas e por uma espécie de lama pegajosa que delineava o carreiro que conduziria ao local desejado. Os batedores que seguiam na dianteira estavam envoltos por uma luz esverdeada, projetada por um equipamento que, aos olhos dos encarnados, se assemelhava a um cajado de titânio com uma esfera cristalina no topo. Esse aparelho emanava um envoltório protetor em formato de redoma que envolvia os espíritos à frente do resgate e ainda proporcionava uma fonte discreta de luz. Contudo, não era momento adequado aos bons espíritos para revelarem todo o potencial luminoso de que cada um era portador.

Os demais seguiam envoltos em capas fluídicas de proteção, todas em tons azulados, semelhantes ao manto sagrado. Durante o percurso, uma mulher desencarnada se aproximou do grupo.

Ela não demonstrava medo, nem pudor algum. Estendeu suas mãos para que Gustavo a tocasse. O jovem ainda inexperiente neste tipo de incursão não tardou a atender ao pedido silencioso e distanciou-se um pouco dos demais, saindo da trilha. E quando estava a meros centímetros de tocá-la, Ângelus intercedeu.

- Aguarde um momento Gustavo, primeiro vejamos o real estado em que se encontra o perispírito dela. Focalize as manchas mais escuras e aguce a sua acuidade visual...

- Meu Deus, isso não são manchas... são seres microscópicos aglomerados de tal forma que assustariam qualquer médico dermatologista terreno, mas... o que significa essa contaminação?

- Frutos mórbidos do desregramento quando encarnada e também procedentes da continuação dos desvios das virtudes e do exacerbado ímpeto sexual no seu *post mortem*.

- Como assim? Perguntou Gustavo, ávido por maiores detalhes.

- Pelos indícios, essa nossa amiga que padece em sofrimentos tem acumulado vidas e mais vidas baseadas exclusivamente nos prazeres físicos, sem medidas nem comprometimentos. Principalmente nesse último desencarne, ela persiste em prosseguir "vivendo" as mais insanas aventuras proporcionadas pelas sensações de prazer corporal. Não restam dúvidas de que aqui ela permanece em orgias de todos os tipos. Perceba também que ela não está completamente sozinha, olhe através do "corpo" dela e veja que há um encarnado em simbiose com ela, numa relação de quase comensalismo, através do qual ela sustenta seu vício sexual, instigando-o a querer sempre mais sexo.

- Podemos ajudá-la agora?

- Meu caro Nellys, a real intenção da nossa desajustada irmã não era exatamente a de ser socorrida pelo esbelto Gustavo... ela queria envolvê-lo em seu psiquismo doentio e sugar-lhe as energias, assim como um vampiro... De alguém que presta socorro, bem intencionado, ele poderia ser transformado em vítima também. Infelizmente, ainda não chegou a hora de ela ser ajudada.

Ao ter a sua investida frustrada pela intervenção de Ângelus, a mulher saiu correndo em disparada e aos gritos por entre os arbustos espinhosos, levando colada ao seu perispírito uma personalidade do encarnado que coexistia com ela e que compartilhava os desejos mais vis e torpes que a mente humana poderia almejar.

Gustavo lançou um olhar de agradecimento e, ao mesmo tempo, pediu desculpas pelo gesto imprudente. Em seguida, juntou-se novamente ao grupo que penetrava ainda mais no território lamacento. À medida que eles avançavam, descobria-se aos olhos de todos uma tribo muito semelhante à dos selvagens que habitavam o planeta no início dos tempos. Repletos de hábitos vulgares, agressivos, com faces animalizadas, encharcados em resquícios pútridos de lodo, assentavam-se em torno de um banhado raso de aproximadamente quinze centímetros de profundidade. Os movimentos da equipe, aos poucos, ficavam mais lentos e levemente dificultosos.

O local estava encravado entre pequenos morros, cercado por uma vegetação alta, espinhosa e muito densa. Por consequência dessa geografia, a comunidade que lá habitava mantinha-se de certa forma isolada em lugar de acesso restrito.

Ao chegarem, os guardiões assumiram seus postos na única entrada existente e, nesse momento, Ângelus deu a ordem para que todos os socorristas revelassem sua verdadeira luz abençoada. As cenas mais indescritíveis surgiram diante do grupo quando, sem temor, o regente da tribo, em alvoroçado tom de voz, amaldiçoou a todos, despejando os mais baixos palavrões e colocando-se frente a frente com o nobre líder do resgate.

Olho no olho, Ângelus foi expandindo sua aura e, gradativamente, envolvendo com ela o revoltado ser que o encarava com ódio no olhar. Enquanto isso, o restante dos socorristas foi auxiliando os espíritos que clamavam por ajuda. O grupo, que era formado pelos psiquiatras e pelos médiuns doutrinadores desdobrados, tratava de convencer os mais relutantes a mudarem a postura mental em desalinho e a aceitarem, de bom grado, a ajuda proporcionada naquela hora.

- O que traz você até o meu singelo reduto, Ângelus?

- Damasceno, hoje as ordens do Alto são de resgatar todos aqui desta comunidade decadente em moralidade. Aqueles que, por livre arbítrio, optarem pelo caminho da luz serão retirados daqui sob a égide do Divino Mestre.

Foi isso que Ângelus disse ao velho conhecido, demonstrando uma extrema compaixão e vontade determinada em cumprir a missão que lhe fora incumbida.

- Como ousa? Inqueriu, irritadiço, Damasceno.

Tranquilamente e com firmeza, o líder da caravana de resgate disse:

- Eu não ouso nada, estou apenas seguindo a vontade do Pai, o mesmo Deus amoroso para o qual você virou as costas. Não adianta se vestir com humildade Franciscana se, por debaixo dessa vestimenta, esconde-se um espírito perdido em desregramentos morais, derramando sua vingança sobre crianças indefesas; apenas por medo de encarar face a face a verdade só para, assim, superar os abusos que você sofreu quando muito pequeno.

Um forte sentimento de vergonha e de culpa arrebatou em cheio o peito de Damasceno; que, simplesmente, preferiu ouvir tudo o que Ângelus tinha para dizer naquele momento. As palavras eram duras, mas necessárias. Ângelus sabia que naquela ocasião não bastaria passar-lhe a mão na cabeça, mas sim, expor suas feridas para depois cauterizá-las e obter a cura definitiva para seus males.

- Reflita bem, Damasceno. Disse Ângelus envolvendo o espírito do frade em sua acolhedora aura.

– Hoje você está tendo a santíssima oportunidade de começar a desfazer o mal que tanto lhe atormenta a alma. Nós sabemos que, quando você era criança, sofreu moléstias do seu padrasto e que você está aprisionado na cadeia subterrânea desta cidadela. Foi por isso que você, quando em vida na Terra, buscou abrigo num seminário. No entanto, o seu demônio interior consumia-o um pouco dia a dia. Mas, Jesus não esqueceu você. Ele ainda é o regente sideral do nosso planeta e, enquanto houver irmãos Dele em sofrimento, Ele não medirá esforços para que todos possam sentar-se à direita de Deus. Aceite a mão estendida por Ele e siga conosco para uma nova chance de recomeçar...

Nesse momento, Damasceno não mais se conteve e foi fraternalmente abraçado por Ângelus. Enquanto isso, o resgate de dezenas de espíritos de todas as idades e de alguns encarnados desdobrados pelo sono físico estava quase sendo concluído. Todos, gentilmente, recebiam certo alívio através da fluidoterapia e do consolo de uma simples palavra de afeto. Muitos benefícios eram proporcionados pela manipulação hábil das cores e pelo auxílio dos elementais da natureza, que também compunham a caravana de auxílio. Organizadamente, os moradores do vilarejo, já cansados dos excessos e dos abusos propriamente ditos, recebiam o conforto necessário ali mesmo e, um a um, eram retirados daquele lugar degradante.

Ainda um pouco atordoado, Damasceno se pronunciou:

- Estou muito grato por esse momento. Sinceramente não imagino o que será de mim a partir de agora, mas me entrego às mãos de Deus minha própria sorte.

- Calma meu irmão, não chame de sorte a sua próxima e urgente reencarnação, chame de recomeço... Por hora, descanse e sinta-se tocado e envolvido pelo mais puro amor, o de Cristo.

Mal terminara de falar e Damasceno adormeceu. Favorecido pela aura energética de Ângelus, foi colocado numa maca branca e coberto com um lençol multicolorido até o pescoço; ao mesmo tempo em que recebia uma espécie de soro, na verdade, água fluidificada pelos espíritos de luz lá no mundo maior.

Por fim, todo aquele trágico e deprimente espírito estava sendo transformado em um jardim florido. Obra executada com muito esmero e carinho pelos elementais da terra, mais conhecidos como gnomos e duendes. O local agora em diante servirá como um posto avançado de redenção, uma luz no meio das trevas.

No caminho de volta, Ângelus apenas sorriu satisfeito para os amigos - Gustavo e Nellys - que também se dedicaram ao máximo no resgate realizado. Ambos regressavam com uma sensação de paz e contentamento, pois conseguiram ajudar muitos e, ao mesmo tempo, plantar uma semente de esperança em todos que ainda permaneciam presos nas armadilhas dos abismos do sexo.

08 MEDIUNIDADE SALVADORA

Era início de uma nova manhã, quando os dois estudiosos do astral, Nellys e Gustavo, partiram para a continuidade da pesquisa sobre o comportamento dos médiuns na vida cotidiana. Porém, desta vez eles estavam acompanhados por Ângelus, que demonstrava enorme disposição e bom humor nesta tarefa. Rumaram para uma cidade pacata do litoral, onde estavam Pedro e um pequeno grupo de amigos da faculdade. Entraram na casa praiana, que estava equipada com todos os aparelhos tecnológicos de última geração e móveis confortáveis, elegantemente dispostos nos cômodos espaçosos.

Enquanto os amigos encarnados despertavam e reuniam-se na cozinha para juntos tomarem o café da manhã, uma surpresa nada agradável estava prestes a acontecer.

Ao encontrarem-se todos reunidos para o desjejum matinal, alguém tocou a campainha da porta principal. Aldete, a mais nova do grupo de amigos, levantou-se rapidamente e correu para abrir a porta; completamente despreocupada e envolvida apenas pelos agradáveis momentos juntos às pessoas que ela tanto adorava. Tratava-se de um local sossegado e junto à exuberante natureza.

Quando abriu a porta, foi rendida de imediato por um rapaz armado com um revólver. Ele encostou a arma diretamente na testa da garota. A jovem empalideceu na hora, sentiu um amolecimento nas pernas e seu corpo ficou gelado instantaneamente. Mesmo com as pernas tremendo, a moça foi conduzida até a cozinha, onde estavam os outros amigos dela.

O rapaz empurrou Aldete contra um armário, fazendo com que ela batesse a cabeça e perdesse a consciência por alguns instantes. O pânico foi total e a sensação de incapacidade e angústia perante a inusitada situação desconfortável que estava se desenrolando naquela linda manhã ensolarada, enorme.

O assaltante demonstrava imensa irritabilidade, nervosismo e traços de alucinação gerados pelo uso de drogas. Ele exigiu todos os bens de valor dos que ali estavam; atirou-lhes um saco plástico preto e ordenou que todos colocassem ali seus relógios, dinheiro, joias... Mas como era de manhã cedo, alguns dos amigos de Pedro ainda estavam de pijama e sem nenhum tipo de objeto de valor, tornando a situação ainda mais perigosa; pois o delinquente juvenil ficava mais agitado a cada minuto, por estar sozinho diante de várias pessoas. Isso impossibilitava a chance de vasculhar as demais dependências da casa. Um *stress* absoluto tomou conta do rapaz, ao ponto de fazê-lo efetuar um disparo de sua arma contra Júnior, outro dos amigos; que, devido ao próprio descontrole emocional, deixara cair uma xícara de café no chão. Por sorte, melhor... por Deus, o cartucho falhou, mas não minimizou o drama vivido por todos naquela casa litorânea.

Ângelus solicitou aos amigos espirituais que elevassem o pensamento aos céus, pois chegara um momento crucial para a dissolução do caso. Naquele instante, surgiu a avozinha desencarnada de João Marcelo, o assaltante descontrolado.

Utilizando do poder mental concentrado, Ângelus afastou os espíritos sombrios e vingativos que acompanhavam o rapaz e também direcionou energias intuitivas para o médium Pedro; que, por inspiração divina, foi colocado à disposição da avozinha desencarnada, a qual se conectou aos centros intuitivos do médium e iniciou a comunicação mediúnica. Pedro olhou com extrema compaixão para João Marcelo e disse:

- Amigo, tenho plena convicção de que você não quer causar nenhuma tragédia, muito pelo contrário, você quer ser salvo também.

- Mas que papo de crente é esse aí, playboy? Respondeu agressivamente o jovem, apontando a arma para Pedro - que manteve a calma e prosseguiu.

- Você não tem culpa por seus irmãos menores terem adoecido devido à falta de alimentos nutritivos. Seu pai abandonou vocês ainda pequenos - sim, eu sei disso. Depois desse enorme abalo, você se viu como o único responsável pelo sustento da sua família. Eu sei também que todos os dias você chorava em casa quando chegava com alguns trocados e encontrava sua mãe embriagada e com homens diversos, que a agrediam e tomavam o pouco de dinheiro que você conseguia engraxando sapatos na praça.

- Mas que história é essa? Como você sabe essas coisas da minha vida?

- Eu simplesmente sei. E digo mais, por hora você está livre das garras das trevas e junto a você está uma senhora que tem um amor sem fim pelos seus irmãos menores e também por você. Ela se chama Amélia e diz que há muito tempo tenta falar com você, mas o uso de drogas impede que o contato dela se faça audível na sua vida.

João Marcelo ficou imóvel, os seus olhos não sabiam para onde olhar, encostou-se na parede e fez sinal com a arma para que Pedro continuasse.

- Ela diz que você não pode repetir os erros do seu pai. Você deve perdoar-lhe e à sua mãe também. Essa atitude de perdoar vai fazer um bem incontável à sua vida. Ela manda perguntar também se essa forma de vida pela qual você optou é o mesmo estilo de vida que você deseja para os seus irmãos. Eles o admiram, entretanto se você permanecer nesse triste e curto caminho, o final da sua jornada aqui na Terra será trágico, doloroso demais para você e para eles. E os danos causados a outras pessoas acarretarão uma grande dívida que vocês precisarão pagar.

Lágrimas começavam a ensaiar um rolamento no rosto de João Marcelo. Enquanto isso, os demais amigos de Pedro estavam abismados com a reviravolta que aquele drama estava tomando.

Da mesma forma, era de espantar a serenidade e a coragem demonstrada por Pedro. A esperança começava a tomar conta do lugar.

"Tem mais coisas ainda, meu amigo", disse Pedro.

- Hoje o destino colocou todos nós reunidos aqui por algum motivo que desconhecemos ao certo, mas posso lhe afirmar que todos nós sairemos daqui como pessoas melhores do que éramos. Se você quiser, pode abaixar a arma. Eu garanto que nada vai lhe acontecer.

A emanação de bons pensamentos, energias vibrantes e cores que acalmavam, inundava a cozinha e beneficiava a todos. Em cada canto do ambiente estavam sendo criadas vibrações propícias para a resolução pacífica. A colaboração de Ângelus, Nellys, Gustavo e da vovó Amélia estava sendo primordial para que fosse possível a criação de uma redoma; evitando, assim, qualquer tipo de influência por parte dos espíritos inferiores que estavam acompanhando João Marcelo. Na verdade, esses pobres espíritos agora estavam acuados em outro recinto, demonstrando certo pavor diante de tanta energia que envolvia a casa. Por isso mesmo, eles nem conseguiram fugir para longe. O clima astral estava tão acolhedor, que os prendia ao redor daquele campo vibracional. Em breve, eles também seriam socorridos.

Pedro foi se aproximando aos poucos do assaltante que estava em processo de arrependimento, olhou-o fundo nos olhos e disse:

- Pode confiar, Deus a tudo vê. Cabe a nós perdoar um ao outro e se autoperdoar, o que é muito importante. Uma oportunidade de redenção foi aberta para você hoje, aqui e agora. No que depender de mim, faço o que for possível para ajudá-lo a ter uma vida digna, honesta e, principalmente, reta. Sua avó pede para dizer-lhe que você se lembre de uma conversa ao pé do ouvido que ela teve com você, pouco tempo antes dela partir para o outro lado da vida. Ela diz que você prometeu algo para ela...

João Marcelo colocou a arma sobre a cadeira que estava próxima, abaixando os olhos lacrimosos e pronunciou o seguinte:

- Sim vovó, eu lembro. Prometi seguir sempre o caminho do bem e que, quando a dúvida pairasse sobre mim, eu rezaria pedindo o auxílio de Jesus e rogaria por bons conselhos. Desculpe vovó, eu havia me esquecido da promessa e deixei que o meu ódio pelo mundo se tornasse dono da minha vida.

- Ela diz que agora você deve voltar para casa e abraçar os seus irmãos, explicar-lhes que eles não podem faltar à escola e que todas as noites vocês precisam rezar a oração do Pai Nosso, com o mais puro sentimento e com desejo ardente de perdoar aos seus pais. Fazendo isso de coração; em breve, novidades boas surgirão na vida de vocês. Pratique isso e confie na bondade e sabedoria de Deus.

Nesse momento, Pedro abraçou João Marcelo e ambos derramaram lágrimas emocionadas e de alívio. Passaram-se poucos segundos e João devolveu a sacola com os pertences, pediu desculpas, abandonou a arma e saiu correndo em direção de sua casa.

Júnior, ainda muito espantado com tudo aquilo, perguntou:

- Pedro, o que deu em você para falar essas coisas?

- Não sei, apenas senti uma paz enorme e uma voz que me repetia "confie e se entregue aos bons espíritos". Deixei que essa sensação de bem-estar tomasse conta de mim e deu no que deu. Eu mesmo nem acredito direito, acho que "a ficha não caiu, ainda".

Todos riram e se abraçaram comovidos pelo desfecho inusitado.

Vovó Amélia foi ao encontro de Ângelus, com um lindo sorriso e, após pequena pausa, agradeceu.

- Muito obrigada, Ângelus. Por fim, conseguimos fazer com que o meu Joãozinho mudasse o rumo de sua vida, sinto dentro do meu peito que ele saiu daqui decidido a se melhorar, ele estava sob uma obsessão muito grave, por mais que afastássemos os espíritos de perto dele, a mente do meu neto estava fechada para qualquer tipo de sugestão benigna; além, é claro, do bloqueio causado pelas drogas que o impediam de receber nosso auxílio. Os chacras dele estavam e estão muito debilitados, ainda precisará encarar um tratamento através do sono físico quando se desdobrar. Mas, agora, tudo fica muito mais fácil, já não haverá tantas barreiras psíquicas.

- Fique tranquila, Amélia. Seu neto hoje deu inicio a uma nova empreitada. É evidente que ele ainda precisará de muita assistência dos bons espíritos. Você sabe que essas substâncias entorpecentes têm arruinado milhares de lares, desviando jovens de uma vida decente, sem falar do poder destruidor que essas drogas têm sobre o organismo. Além do mais, existe o poder hipnótico exercido pelos magos negros desencarnados. Os viciados são as marionetes mais fáceis de comandar. Infelizmente, muitos se aproveitam dessa fraqueza humana para tirar proveito dos homens - inclusive os feiticeiros encarnados. Eles se aproveitam dos usuários de drogas para fins nada bons, além de sugar as poucas energias vitais deles; pois os viciados são habilmente controlados para agirem sob influência de comandos mentais, no intuito de prejudicar a si mesmos e a outras pessoas.

- É Ângelus, o pior é que existem pessoas que contratam esses feiticeiros para prejudicar seus desafetos, obter posições de destaque, dinheiro fácil... Enfim, eles nem imaginam que em muitos casos esses feiticeiros se aproveitam dos jovens que se entregam aos vícios.

Como de costume, Gustavo intercedeu e perguntou: - Mas, então, Ângelus, você sabia que passaríamos por esta situação dramática? E não nos disse nada? Disse com certa descontração.

Ângelus sorriu e respondeu:

- A Providência, Gustavo, é realmente divina e infinita. O livre arbítrio dos encarnados prevalece sempre. Apenas criamos um ambiente favorável para o ocorrido. Afastamos os espíritos inferiores para que João pudesse aceitar com maior facilidade e com um pouco mais lucidez as palavras ditas por Pedro, que estava sendo intuído pela Amélia. O médium agiu a altura daqueles aos quais muito foi dado. Ele está focado na evolução espiritual e na caridade dentro e fora do Centro Espírita; uma vez médium, sempre médium. Méritos para ele que aceitou a difícil incumbência que lhe demos hoje de manhã. Sobre não lhes dizer o que passamos horas atrás, foi apenas para ver como vocês reagiriam a uma situação tão extrema. Posso afirmar que vocês se saíram muito bem.

Todos riram e despediram-se da vovó Amélia.

Amélia estava prestes a partir ao encontro dos netos, pois aproveitaria o bom momento para intuir as melhores ideias possíveis. Da mesma forma, incentivaria incessantemente o perdão aos pais - somente se perdoasse aos progenitores, portas de bondade seriam abertas para aqueles meninos. Por fim, Ângelus se despediu dizendo:

- Amélia, sempre que precisar, conte conosco. Estaremos prontos para ajudá-la. Iremos com muita satisfação.

- Você é mesmo um anjo, Ângelus. Disse Amélia ao se despedir.

09 APARELHOS DE CONTROLE MENTAL

- Mas que história absurda é essa Paula? Eu não acredito que o seu irmão se meteu numa situação desse tipo. Era só o que me faltava mesmo! Tudo isso é por culpa desse tal de Espiritismo, essa religião que você e o seu irmão se dizem adeptos. Eu nunca gostei dessa conversa de lidar com o espírito de gente morta. Ainda mais agora que o seu irmão deu uma de pai de santo na frente de um ladrão armado, meu Deus! Vocês estão completamente loucos!

Esbravejava aos quatro cantos da sala de estar dona Irene, evangélica, frequentadora assídua dessas igrejas que oferecem exclusividade na salvação de última hora. A senhora de cinquenta e seis anos mostrava-se extremamente contrariada em seus conceitos. Para ela, ter os filhos dedicados às obras do Espiritismo era algo inaceitável, ela até se esforçava para não provocar maiores conflitos com seus descendentes, mas volta e meia uma confusão se armava. Ao receber a notícia de que Pedro "desarmou" um assaltante através de uma conversa vinda do outro lado da vida, foi a gota d'água que faltava para dona Irene explodir em ira com os seus filhos.

Surda por vontade própria para qualquer tipo de argumentação, ela passou o dia inteiro reclamando dessa situação; para ela, muito desagradável. Ela não aceitava essa divergência religiosa dentro da sua casa. Sentiu-se muito desorientada em como proceder em tal caso. Logo, saiu a passos rápidos para buscar uma orientação com o pastor da sua igreja. Ao chegar lá, ele orientou dona Irene para que trouxesse seus filhos até a sede principal daquela Igreja. O pastor afirmara com tamanha convicção que a única via de salvação dos filhos dela era a expulsão dos demônios na verdadeira casa de Deus.

Logo, não demorou muito para que ela retornasse para casa decidida a arrancar dela os seus filhos adeptos ao Espiritismo e recrutá-los na mesma igreja dela.

Pedro, ao ouvir os apelos enérgicos da mãe, simplesmente a ignorou e disse enfaticamente para ela desistir dessa ideia absurda, pois ele estava na plenitude de sua convicção de que o Centro Espírita era o seu verdadeiro lugar, era o local onde ele se sentia útil e podia ajudar outras pessoas.

Paula ficou triste ao ver o desespero de sua mãe e, para agradá-la e até mesmo para por um ponto final nessa história, decidiu acompanhar sua mãe ao encontro do dito pastor.

Paula possuía dentro de si a certeza de que sua dedicação em ajudar os outros e a si mesmo, através das tarefas mediúnicas, era o que lhe completava. Ela estava de mente aberta e pacífica, algo em seu interior lhe dizia que seria uma ótima oportunidade para exercitar outros aspectos fundamentais para uma vida saudável, harmoniosa e, acima de tudo, com respeito às opções dos outros.

Aceitou o desafio e, durante o caminho de casa à igreja evangélica, foi pacientemente ouvindo os reclames de sua mãe.

Ao chegar lá, foram recebidas pelo pastor Cleberson - homem alto, moreno de porte robusto, sorriso fácil e tom de voz envolvente e enérgico. Ao mesmo tempo, sutilmente cativante. Recebeu dona Irene e sua filha na porta da igreja e entraram em seguida numa sala reservada.

Ele já estava a par dos fatos e, sem demora, nem receios, começou a falar olhando fixamente para Paula.

- O Espiritismo não é obra de Deus, esse lugar de conversação com os mortos é mais uma ferramenta utilizada por Satanás. Ele usa essa religião para dominar as pessoas com a mente fraca, você não precisa dessas coisas para sua vida. Aqui na casa de Deus, você será bem vinda.

- Olhe, pastor. Agradeço a sua preocupação, e saiba que estou aqui para termos uma conversa franca. Eu discordo de tudo isso que você disse. Primeiro eu não diria que aqui é exclusivamente a única casa de Deus, Ele está presente em todos os lugares onde estiverem pessoas reunidas pelo grande ideal Divino, a caridade.

A mãe de Paula estava com o rosto vermelho, uma mistura de raiva e vergonha pela atitude firme de sua filha diante do pastor. Por educação ou medo, conteve consigo qualquer tipo de comentário.

Enquanto isso, a investigação no mundo extracorpóreo prosseguia. Ângelus pediu para que Nellys e Gustavo observassem a cruz de pedra vulcânica que o pastor carregava junto a um cordão de ouro pendurado em seu peito.

Ambos perceberam que daquele artefato era emitida uma espécie de vibração, na mesma frequência das ondas cerebrais que atingiam diretamente as ouvintes. Dona Irene recebia essa descarga magnética com naturalidade e aceitação quase que hipnótica, era como se ela já estivesse habituada a isso. No entanto, Paula sentia uma estranha dor no seu chacra frontal, simultaneamente ela relutava em ser influenciada por essa sensação incômoda. Tentava visualizar o que estava ocorrendo no mundo oculto aos olhos comuns, mas sua aptidão mediúnica de clarividência encontrava fortes barreiras, ao mesmo tempo em que ela prosseguia sua conversa com o pastor.

Ângelus explicou que aquele objeto aparentemente cristão era utilizado como um condensador energético, o qual fora caprichosamente encomendado pelo pastor a um amigo praticante de magia negra, residente em outro continente, mais especificamente, na América Central. O objetivo era óbvio e sombrio – controlar as mentes fracas –, de acordo com os propósitos por ele almejados.

- Mas Ângelus, como assim? Ele usa um artefato que potencializa a própria atuação mental, para dominar a mente de outras pessoas?

- Esse aparelho de aparência simples possui uma intensa carga vibracional. Na aura desse objeto estão gravados inúmeros comandos mentais, altamente determinados. Esse trabalho meticulosamente calculado é resultado nefasto da associação entre encarnados e magos negros, senhores das trevas.

- Pode esclarecer com mais detalhes essa forma de sociedade que sugere um ar um tanto macabro? Completamente envolvido no tema, Gustavo aproveitou a oportunidade para aprofundar-se ainda mais nesse assunto instigante.

- Acho que o nosso amigo Nellys pode dar uma excelente contribuição no entendimento maior a respeito disso.

Um pouco sem jeito ele explicou o seguinte:

- De fato, essa relação ocorre como se fosse uma pirâmide, deixe-me explicar melhor. No topo de cada triângulo ou pirâmide, estão os magos negros, divididos em escalões terceiro, segundo e primeiro, onde estão os " bam-bam-bans". Em todos os três níveis do topo, eles são detentores de conhecimentos iniciáticos milenares, hábeis manipuladores dos elementais da natureza e conhecedores exímios dos controles mentais. São altamente determinados a usar todo e qualquer artifício para cumprir seus objetivos mais vis. Dentre esses escalões de magos, existem algumas diferenças. Variam em graus de conhecimento e, consequentemente, de periculosidade também. Quanto mais alto na hierarquia, mais perigoso e ardiloso é o mago negro.

Abaixo deles, encontram-se os cientistas ou técnicos especializados. No mundo astral, eles criam os mais variados e inimagináveis aparelhos, são bastante dedicados à construção daqueles que servem para controles mentais. Esses, por sua vez, são direcionados de acordo com o desejo dos magos. Nessa hierarquia, os magos se aproveitam dos conhecimentos e pesquisas hodiernas realizados pelos cientistas; e estes últimos recebem uma espécie de bonificação, ou seja, podem continuar praticando a ciência com ampla liberdade, livres da ética e com uma fonte inesgotável de matéria-prima para inventar e testar nos humanos tudo o que eles desejarem. Assim, libertos da ética e da moral, eles utilizam os seres humanos encarnados e também os desencarnados como meras cobaias dos seus experimentos mais sórdidos.

"Descendo um pouco mais nesta pirâmide em particular, há os encarnados que são coniventes com estas atitudes perniciosas; no caso em questão, os adeptos da magia negra ou feiticeiros. Este aplica o desejo que vem do topo da hierarquia, na prática, influenciando o cotidiano dos viventes na matéria".

- Estou compreendendo. Disse Gustavo.

- Tem mais, prossiga. Balançou a cabeça incentivando-o a continuar com a explicação.

- Este encarnado está hipnotizado por vontade própria, que ao desdobrar-se por via do sono físico mantém contato com os magos do topo e obtém conhecimento básico de manipulação de artefatos condensadores de energia e dos rituais primitivos para a ativação dos mesmos.

- E esse pastor em específico, onde se encaixa?

A mente curiosíssima de Gustavo fervilhava em indagações.

- Ele foi dominado por um dos maiores males da humanidade, a ganância acompanhada pela arrogância e pela vaidade. Ao se entregar a esses vícios silenciosos, virou uma presa fácil, foi rapidamente detectado pelos magos, devido aos pensamentos e sentimentos de baixa vibração e puramente interesseiros. Logo foi seduzido pela tola ideia de "aumentar o rebanho do Cristo". Hoje ele não tem a menor noção de que não passa de um mero fantoche na mão dos maus espíritos. Na verdade, ele está aumentando o número de seguidores cegamente fanatizados pelas ideologias fantasiosas e também deturpadas que os magos negros do astral inferior desejam implantar na humanidade.

Ângelus concluiu:

- Todos são apenas mais algumas peças no imenso xadrez que os magos negros estão jogando com as forças iluminadas do bem. Não sabemos claramente o objetivo final desse plano, no entanto há informações de que eles pretendem deturpar a verdadeira imagem do mestre Nazareno. Assim como ocorreu no milênio sombrio e de escuridão intelecto-moral da Idade Média.

- Ah, então essas pessoas que possuem fé cega também são marionetes dos magos? Mas e a Justiça Divina, onde está?

- Gustavo, tudo de Deus é perfeição. As pessoas que buscam auxílio nesses cultos religiosos são seres em estágio inicial de espiritualização. O problema real é o modo como o direcionamento dessa espiritualização é transmitido. Existem pastores excelentes, verdadeiros enviados do Alto, aptos a doutrinar as pessoas com necessidades reais de moralização de idéias de Cristo. Porém, muitos enxergam nas igrejas um ganha-pão descabido. Utilizam o próprio magnetismo e o dom das palavras habilmente decoradas para ludibriar os mais humildes. Acarretam para si uma grande dívida cármica que deverá ser sanada em existências posteriores. Em relação aos frequentadores dessas igrejas, numa próxima encarnação eles terão contato com religiões, filosofias e seitas mais espiritualizadas, assim evoluirão gradativamente, sem agressões ao psiquismo - ainda infantilizado espiritualmente.

O impasse entre Paula, sua mãe e o pastor prosseguia. E ele estava quase se descontrolando, quando na vida extracorpórea, uma luz radiante surgiu na sala. Essa experiência pôde ser observada por Paula, que, aos poucos, viu a imagem de um Pai-Velho, nos típicos trajes alvos, humildes; mas envolto em uma luminosidade intensa. Ela, mentalmente, começou a orar, enquanto as palavras do pastor e de sua mãe eram anuladas por sua consciência. Estava completamente focada na movimentação espiritual que estava ocorrendo ao redor.

Ângelus abraçou fraternalmente Pai Joaquim, apresentou-o aos outros e sem delongas e deixou o Pai-Velho ensinar uma nova lição a respeito do mundo espiritual.

O Pai-Velho postou-se de joelho diante do pastor, ergueu as mãos ao alto, pronunciou palavras num dialeto aparentemente oriundo do continente africano, bateu duas palmas e entre suas mãos surgiram fragmentos de uma espécie de cristal, côncavos, se assim podem ser descritos. Cada metade composta por frequências vibracionais altamente sutis. Pareciam cristais incandescentes, tamanha a energia telúrica armazenada. Em um único movimento, ele envolveu o amuleto vulcânico em formato de cruz, que o pastor utilizava. Expressou mais algumas palavras desconhecidas para nós e, diante dos nossos olhos, o cristal incandescente foi absorvido pelo amuleto. Uma quantidade inexplicável de pó vulcânico caiu ao chão.

Após a absorção total, a cruz passou a emitir uma vibração muito diferente; ondas magnéticas anulavam uma infinidade de pensamentos desvirtuados, gravados na memória perispiritual do pastor, que se calou imediatamente. Depois de uns poucos instantes, alegou um súbito mal-estar e deu por encerrada a conversa com Paula e dona Irene, dizendo que a sua filha estava livre para frequentar o local que ela sentisse desejo, bem como a própria dona Irene. Levantou-se e saiu em direção à sua casa, pois acreditava que precisava repousar o restante do dia.

Pai Joaquim é um espírito altamente evoluído, engana-se quem julgar pela aparência simples. Apesar de ser muito requisitado pelo Mundo Maior, onde atua em tarefas de grande complexidade no desmantelamento de organizações trevosas do Plano Inferior. Gentilmente, ele permaneceu com Ângelus e os "investigadores", Gustavo e o atlante Nellys, para dar mais algumas elucidações.

- Meus filhos, eu agradeço por mais esta oportunidade em ajudar a derreter a ponta do iceberg. Sim, meus filhinhos, não se assustem, nós estamos apenas no começo do nosso trabalho. Isso que vocês presenciaram aqui foi importante para milhares de almas fanatizadas, que seriam utilizadas como propagadoras de discórdias religiosas. Como vocês sabem, essa cidade possui praticamente todos os credos religiosos existentes no planeta, e a intenção dos magos negros - ao menos de parte do plano deles - é instigar centenas de minicruzadas, ou seja, institucionalizar o rancor entre os adeptos da fé cega e irracional. Posteriormente, gerar o caos e atuar na frente de combate das novas guerras santas, até que esse feito ganhe proporção global.

Atônitos, Nellys e Gustavo se entreolharam e, em silêncio, ficaram digerindo as novas revelações acabaram de ouvir.

Ângelus, afetuosamente, despedia-se de Pai Joaquim, que se colocara à disposição para maiores esclarecimentos teóricos e práticos dessa grave situação que as forças das trevas intentaram criar.

Nesse meio tempo, Paula e sua mãe rumavam de volta para casa. Dona Irene mostrava-se um pouco desolada, pois o desfecho não foi exatamente do jeito que ela tinha previsto. Paula estava boquiaberta com os fatos que presenciara através de sua clarividência e mal podia esperar para relatar toda a sua experiência mediúnica aos colegas da mesa apométrica.

10 A ORDEM DO DIA

Clarisse acabou de agendar o seu retorno ao médico, o mesmo que anteriormente diagnosticou um nódulo maligno no seio esquerdo. Agora ela estava mais esperançosa, não sabia ao certo o motivo desse sentimento tão vibrante, mas desde que iniciara o tratamento no Centro Espírita, uma leveza misturada com tranquilidade tomava conta do seu ser.

Decidida a rever inúmeras atitudes que passou a considerar inadequadas, após realizar o seu atendimento Apométrico se transformou em uma leitora assídua das grandes obras da Doutrina Espírita. Tornara a frequentar com ânimo as palestras e os tomar os passes terapêuticos oferecidos. Aguardava ansiosa pelo novo atendimento na mesa Apométrica. Sem descuidar dos afazeres diários, sempre encontrava um tempinho para aprofundar os seus conhecimentos sobre o espiritismo. Despertou enorme interesse pelo Livro Dos Médiuns, adorou o método enfático e direto dos livros de Ramatis e das lições ensinadas pelo médico humanista Bezerra de Menezes.

Em contrapartida, o médium Oliveira estava vivenciando seu inferno astral particular, acometido por uma investida dos magos negros do Clã das Serpentes Vermelhas. A todo custo, objetivavam a ruína do Centro Espírita dirigido espiritualmente por Ângelus. Aos poucos, eles minavam os trabalhadores encarnados no intuito de fazer com que eles sucumbissem perante as próprias fraquezas morais. Corromper o médium era uma tática ousada para desestabilizar a mesa apométrica que ele compunha e dirigia há anos. Muitas outras tentativas das trevas haviam falhado graças à intervenção benéfica dos Guardiões da casa e dos operadores mediúnicos da seara Espírita.

Eles – os magos – não queriam correr o risco de ter um dos seus planos mais complexos e abrangentes destruídos pelas forças da luz novamente. O que era o motivo principal da reunião de esforços para por um termo definitivo no Consolador prometido pelo Cristo, o Espiritismo.

Desde o dia em que recebera o assédio do representante de uma empreiteira, Oliveira afastou-se das atividades mediúnicas, justificando mal-estar. Temporariamente Pedro assumiu a responsabilidade de comandar e dirigir as tarefas destinadas à Apometria.

Naquele mesmo dia em que Oliveira recebeu o farto envelope de dinheiro, ele não voltou ao trabalho e nem sequer conseguiu esboçar qualquer opinião na reunião de que participara naquela data, tamanho o transtorno mental causado. Em casa, somente pensava no ocorrido. Tentou se distrair assistindo um pouco de televisão, ligou para a ex-esposa para puxar qualquer assunto que pudesse desviar seus pensamentos. Tudo em vão. De fato, ele mal conseguiu fechar os olhos durante a noite inteira.

Logo cedo correu para o seu gabinete, abriu a gaveta e pegou o envelope. Olhou-o cuidadosamente, reclinou-se em sua poltrona e, num impulso, abriu o embrulho e contou o valor. Espantou-se, pois o montante era equivalente a quase quatro anos de salários seus. Sentiu suas pernas amolecerem acompanhadas de um formigamento nas mãos. Embriagado pela possibilidade de tudo o que aquele dinheiro poderia permitir-lhe, Oliveira nem se lembrou de utilizar o bom senso e sua clarividência para observar o que estava ocorrendo no mundo extrafísico. À sua volta, dezenas de espíritos se agalfinhavam, urravam de satisfação e voltavam seus esforços para nublar os bons pensamentos que Oliveira poderia ter.

No canto superior da sala, um aparelho fixado na parede emitia ondas telepáticas induzindo-o a aceitar o suborno sem remorsos. A mensagem incutia no subconsciente do médium fortes impressões, gravando profundamente imagens de bens materiais e teores sexuais intensos. Tudo isso estava sendo arquivado na memória perispiritual de Oliveira.

O artefato fora instalado e confeccionado com grande maestria pelos cientistas umbráticos. Composto por Titânio astral, possuía o formato de um losango e, no seu interior, um microcomponente radioativo era o principal propulsor das emissões que lhe foram gravadas com imensurável determinação e poder mental treinado há milênios - peculiaridade dos magos pertencentes ao Clã das Serpentes Vermelhas.

As boas orientações do mentor de Oliveira eram anuladas pela baixa frequência vibratória do médium que, por vontade própria, se deixava dominar pela ganância e pelo ganho fácil. Oliveira colocou o maço de notas no bolso do paletó e seguiu com sua rotina de trabalho. Pensava intimamente "...e essa quantia é pra ser só um sinal.."

Clarisse sentiu um impulso impressionante e partiu em direção ao Centro Espírita, informou-se sobre como proceder para ingressar na Escola Mediúnica. Logo foi orientada pelas pessoas que lá trabalhavam e, por coincidência, a aula que é composta por uma parte inicial de teoria e por outra parte prática estava para começar em instantes. Sentindo-se muito à vontade, Clarisse adentrou a ampla sala. O professor ora ensinava os fundamentos básicos da Doutrina, ora as leis da Apometria. Ele estava sobre um pequeno tablado e de lá podia ver todos os alunos que compunham a classe de aprendizes mediúnicos.

Ela sentia todas as alegrias imensas que vivia quando estava na infância, aprendendo as matérias básicas. O assunto ali era muito intrigante e desencadeava uma familiaridade quase que inexplicável, inclusive em relação às pessoas presentes. Durante toda a explanação teórica, que era complementada com vídeos, *slides* e vasta bibliografia, Clarisse concentrava-se ao máximo para poder absorver integralmente todos os novos conhecimentos. Fascinada com o universo de informações que lhe surgia diante dos olhos, ela foi vivenciando um sentimento de participação mais ativa, como se uma atração magnética a conduzisse a por em prática tudo isso. O desejo de participar ativamente daquilo que estava aprendendo era evidente.

O vazio existencial de Clarisse estava sendo preenchido gradativamente, a fisionomia dela demonstrava que uma renovação interior estava em plena ebulição. Empolgada, dirigiu-se à parte prática dos ensinamentos mediúnicos. A princípio, como ela não havia relatado nenhum fato que sugeria uma mediunidade descontrolada, como por exemplo, incorporações indesejadas ou a visão de seres desencarnados, Clarisse sentou-se junto aos outros estudantes de mediunidade com a nobre função de doar energias através da oração e do pensamento positivo.

Anteriormente havia-lhe sido explicada a importância da tarefa que ela realizaria: fornecer fluidos essenciais para o socorro de espíritos debilitados, harmonização do médiuns e das personalidades conscienciais dos encarnados que ali sintonizassem durante o processo da psicofonia. Finalizada a aula prática, Clarisse voltou renovada para casa. Interiormente estava radiante, a ponto de transparecer uma beleza muito singular, que foi percebida por seu marido e por enteado também. Ela comentou sobre o local onde passara a tarde, convidou os dois para acompanhá-la numa próxima oportunidade. O marido relutou um pouco, porém não criou empecilho algum para que ela e seu jovem filho frequentassem o local quando bem desejassem.

Oliveira estava atônito, sentado no sofá de sua sala de estar, contava e recontava o montante recebido. Justificava para si mesmo que, se aplicasse todo aquele dinheiro em prol dos menos favorecidos, ficaria tudo bem: "Elas por elas". Pensava também que "há tanta gente que aceita propina, é bem de vida e não ajuda ninguém... Pelo menos eu vou ajudar muita gente, depois que comprar um carro novo, uma casa maior...". Nem ao menos lembrava os compromissos assumidos quando estava no mundo espiritual antes de assumir a atual encarnação. Esquecera absolutamente a proposta reencarnatória de voltar os seus esforços ao exercício mediúnico caritativo.

De repente a luz da sala acendeu, simplesmente acendeu; dando um grande susto no diretor de licitações. Foi nesse momento que ele lembrou-se da vida espiritual e pensou erroneamente "deve ser coisa de espírito brincalhão". Cego pela cobiça e surdo aos bons conselhos, por vontade própria Oliveira não quis entender o recado do seu mentor; que, com esse ato, tentava dizer que ainda haveria esperança e tempo para mudar, ainda haveria tempo de permanecer na luz. Oliveira se desfez do acontecimento com sarcasmo doentio.

Clarisse aprontava-se para dormir quando, ao seu lado, já estava o seu mentor espiritual a postos para conduzi-la a outro local. Ela se desdobrava através do sono físico. Imediatamente a isso, ela recebeu um longo e carinhoso abraço, feliz pelas resoluções que sua pupila havia tomado. Ela o reconheceu no mesmo instante e, juntos, rumaram para outro plano. Um refúgio espiritual com amplos campos verdes de grama baixa e milimetricamente plantada, repleto de flores e com lagos cristalinos. Literalmente, um bosque encantado, onde os espíritos mentores caminhavam com seus protegidos, para reabastecer os ânimos através de longas conversas edificantes. Ali compromissos eram reafirmados por parte dos encarnados e, em volta do local, uma grande rede assistencialista era arquitetada. O mentor de Clarisse exaltou a nova fase em que ela se encontrava. Nesta etapa, haveria muitas mudanças favoráveis para ela. Relembrou-lhe a necessidade de ela exercer o perdão sincero aos pais, a seu marido e, sobretudo, trabalhar o agradecimento a todas as coisas de Deus. Antes de retornar ao corpo físico, Clarisse passou por processos terapêuticos intensos no local em que estava. Acordou muito disposta, confiante e com fé raciocinada de que estava curada do nódulo maligno no seio. Mesmo sem ter iniciado o tratamento no plano físico, ela sabia e repetia desde o despertar "estou curada, muito obrigada".

Oliveira adormeceu no sofá e, mal o seu espírito se desdobrou do corpo, fora arrastado por uma forte atração magnética. Meio desnorteado, viu-se diante de um ser gélido, com escamas ao redor do perispírito. Mesmo tendo nuances humanas, aquele ser nem de longe lembrava um ser humano, visto a partir de seu interior. Suas vestes eram escuras e brilhosas, cabeça coberta por um capuz negro, olhos levemente ovalados e com uma fina pupila verticalmente disposta. Olhava fixamente para Oliveira. O médium desdobrado estava inerte, apenas se postara diante daquele ser que o tocava na altura da testa, diretamente no chacra frontal. Um imensurável impulso magnético atingiu o médium, fazendo com que ele despertasse extremamente fadigado, com dores de cabeça e uma sensação de tontura. Estava sob influencia de um grave e complexo caso de obsessão que lhe havia sido instaurado.

Todas essas cenas foram visualizadas simultaneamente na sala extrafisica de projeções no Centro Espirita. As imagens eram projetadas em terceira dimensão por um aparelho aparentemente simples, no entanto a tecnologia utilizada ainda está um tanto distante da realidade terrena; pois esse projetor virtual flutuava a aproximadamente um palmo do solo com espessura de pouco maior de três centímetros. Tinha cerca de vinte centímetros de circunferência, projetava as imagens ao vivo e em tamanho real. A impressão era de estar, literalmente, vivenciando cada movimento dos protagonistas, imagem virtual em terceira dimensão perfeita, quase que palpável. O áudio dava-lhes a sensação de estar frente a frente com as pessoas que eram projetadas por aquele aparelho sutil, mas de avanço tecnológico surreal.

Após esses desfechos, Ângelus comentou que todos nós somos dotados de livre-arbítrio. Lembrou enfático que aqui neste plano somente colheremos os frutos que plantarmos - sejam eles bons ou ruins. A responsabilidade por todo e qualquer ato nosso é exclusivamente nosso. Assim funciona a lei de ação e reação. É essa a mais pura e inexorável verdade.

11 ALIMENTAÇÃO CARNÍVORA, ALCOOLISMO E TABAGISMO

A Casa Espírita estava lotada naquela noite de sexta-feira. Todos esperavam ansiosos pelo renomado palestrante que abordaria um tema ainda um tanto controverso para alguns setores do Espiritismo, todavia de suma importância e de interesse geral. José Gutierrez, colombiano que abraçou o Brasil como pátria e o Espiritualismo como a bandeira de sua vida, acabara de adentrar o salão principal acompanhado por seu mentor, um espírito de alta hierarquia, que, na sua última encarnação, vivera na Índia como tutor espiritual de um Templo Iniciático e que, através de seu pupilo, continua indicando os caminhos ancestrais da espiritualização.

"Meus amigos, nesta noite vamos conversar um pouco a respeito dos hábitos prejudiciais à sutil vibração dos corpos espirituais. Falaremos sobre a alimentação carnívora, álcool e cigarro. À medida que as dúvidas forem surgindo, vocês podem escrever seus questionamentos e encaminhar aos assistentes. Na medida do possível, eles os trazem para mim e eu tentarei esclarecer-lhes todas as interrogações que surgirem."

Após essa breve introdução, José Gutierrez se apresentou e iniciou a tão esperada apresentação. Sem perda de tempo, foi direto ao ponto chave.

"Amigos, a alimentação carnívora, tão comum na mesa de muitos que estão aqui, é apenas um prato proteico e saboroso aos olhos mais despreparados. Porém, se analisarmos a questão oculta desse alimento, o panorama se modifica. Damos inicio à nossa jornada no abatedouro, onde o animal pressente a proximidade da morte iminente. A angústia e o trauma causados por essa tensão diante do fim da vida produzem uma série de toxinas que ficam agregadas aos tecidos fibrosos e celulares da carne."

"Até aí vocês podem pensar que está tudo bem e que isso já era do conhecimento de vocês, mas imaginem essas toxinas como doses homeopáticas de veneno que adensam o perispírito, tornando-o mais grosseiro, ou seja, menos sutil. Além disso, quanto mais primitivo for o animal ingerido, mais primitivas são as sensações despertadas no homem. Cito o porco, tão apreciado nas orgias da Antiga Roma e ainda muito comum nas ceias de fim de ano aqui no Brasil. Associem as vibrações liberadas com a ingestão do suíno às tristes frequências das orgias sexuais descabidas do vales do sexo. A libido torna-se exacerbada, anulando os bons e dignos pensamentos, assim ocorria nas festas alucinantes do tempo de Nero e, principalmente, nas de Calígula. Ambos déspotas pervertidos e doentes do espírito. Dessa forma, ainda vibram os resquícios animalizados quando se persiste na ingestão desse animal na casa de vocês. Aquela clássica figura do leitão à pururuca com a maçã na boca é uma decadente herança de uma das mais degeneradas passagens da história da humanidade".

O salão estava tomado pelo silêncio e pelo assombro. Talvez até pela vergonha entre alguns. Poucos sussurros e certo espanto misturados a uma sensação de culpa e até de descrença envolviam o ambiente. Ciente do choque causado aos assíduos comedores de carne, Gutierrez prosseguiu.

"Quando o animal é sacrificado nos lucrativos matadouros, uma infinidade de espíritos vampirizados se atravessa uns sobre os outros, para absorver os fluidos mórbidos do sangue ainda quente que escorre pelas vísceras dos animais abatidos. Isso sim é um episódio triste, meus amigos. Seres humanos desencarnados, brigando entre si para terem uma mísera cota de um falso bem-estar, sugam os fluidos vitais dos animais recém-sacrificados. A que ponto nós chegamos? Até aonde ainda chegaremos com nosso descaso com os irmãos menores da criação divina?"

Ninguém se manifestou entre os ouvintes presentes no salão. José Gutierrez prosseguiu sua palestra com enorme dedicação.

"Não estou pedindo para ninguém aqui se tornar vegetariano da noite para o dia. O processo de desintoxicação deve ser gradativo, assim como todos nós crescemos nos alimentando primeiramente do leite materno – alimento extremamente essencial e nutritivo. Aos poucos nossos pais foram acrescentando outros tipos de alimentos variados, isso no decorrer da nossa vida. Agora é a nossa hora de fazermos o caminho inverso. Quem aqui come carne em todas as refeições, corte-a de uma ou duas. Experimente! Sinta os benefícios físicos e espirituais. Conheça o seu próprio corpo, converse com os profissionais da Nutrição, expliquem o desejo de substituir esse alimento por outro de teor nutricional idêntico ou maior, basta querer dar o primeiro passo. Em nenhum momento vocês leram alguma passagem do Cristo se alimentando de animais que não fossem peixes, seres estes que têm o psiquismo baseado na coletividade, digamos que não existem pensamentos particulares.

José Gutierrez prosseguiu inspirado e instigando centenas de olhares atentos que anotavam e comentavam o que ele dizia.

"Mediunidade e alimentação carnívora não combinam, meus amigos. Já lhes falei dos fluidos de baixa vibração da carne, pensem em um médium com o estômago entupido de vísceras animais. Será que a comunicação vai acontecer a contento? Será que o passe magnético ou terapêutico fluirá limpidamente? Não se enganem, ao menos em dias que precedem e, principalmente, no dia da tarefa mediúnica, nada de carne, absolutamente nada mesmo."

"Amigos, eu não estou obrigando ninguém a deixar de comer carne, estou apenas abordando um aspecto relacionado ao representativo espiritual que a alimentação carnívora tem. Repito, ao menos nos dias que precedem e no próprio dia do trabalho, não se alimentem de carne vermelha; peixe pode, combinado?"

Brincou Gutierrez com um largo sorriso ao finalizar esse trecho da palestra; arrancando bons olhares e outros sorrisos da plateia.

"Alguém aqui já ouviu falar dos canecos ambulantes?" Perguntou Gutierrez para os ouvintes. Um ou outro se manifestou timidamente, então ele disse:

"Vou explicar-lhes a sina desses irmãos. Ocorre o seguinte: a ingestão excessiva e abusiva de bebidas alcoólicas induz a pessoa a assumir estados de alteração consciencial; provocando, na maioria dos casos, distorções de raciocínio, movimentos descoordenados da motricidade, danos aos órgãos internos como os rins e fígado e ocasionando uma série de enfermidades orgânicas. Um exemplo bem simples e cruel disso é a cirrose. Suponhamos, então, que um determinado cidadão tenha desencarnado vitimado pela cirrose associada ao alcoolismo; todos aqui sabem, ou ao menos deveriam saber, que a morte do corpo físico não livra o espírito das mazelas derivadas dos vícios. Esse mesmo cidadão alcoólatra, quando estagiar na vida extracorpórea, vai permanecer muito mais propenso aos vícios do que vocês possam imaginar. Decorrem aí algumas situações".

"Primeiro, essa pessoa ainda é alcoólatra e, como não consegue mais beber o *drink* diário propriamente dito, passa de dependente de álcool a vampiro sugador de fluidos alcoolizados; buscando, dessa forma, algum encarnado com semelhante condição viciosa, assim como as pessoas propícias a desenvolver dependência química. Esse vampiro irá obsediar o adepto assíduo do *"happy hour"*, induzindo-o a tomar doses cada vez maiores de álcool, sendo que o vampiro etílico apenas pode absorver os vapores da bebida. Literalmente, ele gruda no encarnado. Esse mesmo espírito, alcoólatra e atingido pela cirrose passa a emitir todos os sintomas da sua doença ao obsediado, fazendo com que o encarnado fique cada vez mais próximo de também desenvolver a dita cirrose. Ele é, então, transformado em sua fonte particular de embriagues.

- Por que chamá-los de canecos ambulantes? Perguntou alguém da plateia.

- Porque os espíritos vampiros etílicos "cuidam" para que sua vítima chegue a casa, mesmo que seja nas mínimas condições possíveis. Não pensem que um viciado chega a casa carregado no colo pelo seu anjo da guarda. Não! Ele chega escoltado por dezenas de espíritos, cujo único interesse real é que o encarnado alcoólatra sobreviva o máximo de tempo possível, para que juntos possam absorver uns poucos fluidos alcoólicos; tornando, dessa forma, a pessoa num mero caneco ambulante.

"Alguma pergunta? Nenhuma? Então, acho que todos entenderam a situação. Nada contra uma bebida eventualmente, com muita moderação e acompanhada de água mineral e boa alimentação. Se o médium ou o trabalhador da casa Espírita tiver problemas desse gênero, deve primeiro tratar de si mesmo. Caso seja necessário, deve abster-se definitivamente de qualquer tipo e quantidade de ingestão alcoólica".

"Tão prejudicial quanto o uso indiscriminado de bebidas alcoólicas é o hábito, digo, o vício horrível do cigarro. Amigos, ninguém fuma sozinho. O mesmo processo que citei anteriormente vai se repetir, só que ao invés de canecos ambulantes, teremos os cinzeiros ambulantes. Todo mundo aqui é inteligente o suficiente para saber os males infinitos causados pelo fumo. O aviso está escrito e fotografado na própria carteira de cigarros, Há propagandas na televisão, rádio, revista, enfim... Hoje vocês, inegavelmente, ficaram sabendo o que acontece do outro lado da vida. Lembrem-se de que muito será cobrado daqueles a quem muito foi dado. O conhecimento serve para ser utilizado com responsabilidade para ajudar os outros e a si mesmo".

"Amigos, cuidemos da sagrada moradia do nosso espírito. Não maltratemos o corpo físico, preciosa perfeição que Deus nos presenteou para que possamos evoluir espiritualmente através das nossas encarnações progressivas. Desejo a todos vocês, filhos da criação divina, paz, amor, sucesso e muitas felicidades, hoje e sempre".

Após o encerramento da palestra, várias pessoas se aproximaram de José Gutierrez para cumprimentá-lo e saber mais informações sobre leituras a respeito dos temas abordados naquela noite. Ele, enfaticamente, recomendou o estudo da obra "Fisiologia da Alma", ditado pelo espírito Ramatis ao médium Hercílio Maes.

Ângelus agradeceu a Gutierrez e ao seu mentor pelas brilhantes informações repassadas aos que ali estiveram, e disse que as portas daquele Centro Espírita estariam abertas para eles sempre que assim o desejassem.

12 É PRECISO ALGO MAIS

Os assuntos relacionados aos vícios no mundo extracorpóreo fascinavam e aguçavam a típica curiosidade de Gustavo; que, com a cabeça fervilhando de indagações, foi ao encontro de Ângelus para fazer-lhe alguns questionamentos. Disse ele:

- O que houve com aquele rapaz, João Marcelo, que rendeu os jovens amigos do Pedro na casa de praia? A avozinha dele ainda zela pelo neto?

- Sim, Amélia é um espírito dedicadíssimo. De fato ela era a avó dele na última encarnação, mas em tantas outras vidas ela foi a mãe cuidadosa de um filho deveras rebelde.

Por alguns instantes, Ângelus ficou em silêncio e logo falou que Gustavo iria junto com Nellys, no dia seguinte, ao Centro de Reabilitação para Dependentes Químicos onde se encontrava João Marcelo.

- Será muito interessante que vocês observem e relatem todas as atividades extrafísicas que envolvem esses locais de reabilitação. Amélia os receberá prontamente. Amanhã, ao raiarem as primeiras luminosidades solares, estejam lá. Por hora, outras tarefas aqui no Centro Espírita requerem suas assistências. Aqui, vocês sabem, nós trabalhamos interruptamente para a libertação e a cura de espíritos desencarnados e de pessoas desdobradas mediunicamente através da apometria. Nossa atuação é vinte quatro horas por dia. Então, mãos à obra.

Ângelus havia combinado com Amélia o encontro do dia seguinte por via telepática. Ambos são espíritos de alta tutela evolutiva, encontram-se vibratoriamente na mesma frequência, esse fato facilita que a comunicação através do pensamento seja realizada com clareza.

Na manhã seguinte, Amélia aguardava pelos novos amigos na frente da instituição. Junto dela estava o enfermeiro chefe, responsável pelo Centro de Reabilitação. Ao se encontrar com Nellys e Gustavo, ela os apresentou a Elias, que estava muito comprometido em esclarecer qualquer dúvida sobre a metodologia das tarefas e sobre as dificuldades que as equipes espirituais enfrentavam diariamente no socorro àquele lugar.

O Centro de Reabilitação para Dependentes Químicos, ou C.R.D.Q., estava localizado numa estância afastada do atribulado movimento urbano, cercado por verdes campos. Dispunha de alojamentos separados por sexo e tipos de dependência química, quartos individuais simples, apenas com móveis básicos. Possuía também um amplo refeitório onde eram realizadas as cinco refeições diárias, intercaladas com as demais atividades. Dentre elas, artesanato, prática de esportes e palestra sobre Espiritismo.

- Espiritismo aqui? Perguntou Nellys um pouco surpreso.

- Sim, o diretor e proprietário desta clínica é espírita de berço, trabalha com Terapia de Vidas Passadas e Reiki. Quando o Alto viu que as drogas estavam tomando conta de todo o nosso território nacional, incentivou pessoas com tendências mais espiritualizadas e com o devido conhecimento e vocação para administrarem institutos como este aqui. Evidentemente, conta com todo o nosso apoio do lado de cá. O doutor Nascimento é um homem coerente, rígido, mas de coração e alma abertos aos desafios que a recolocação na sociedade exige dos jovens que aqui estão instalados e recebendo tratamento.

- Interessante. Pensou em voz alta Nellys, enquanto Gustavo emendava mais uma pergunta.

- As atividades deste lado da vida, como são gerenciadas?

Elias respondeu-lhe, enquanto eles caminhavam entre as flores do jardim. Detalhe: esse cultivo era cuidadosamente realizado pelos jovens em tratamento, pois o cultivo de plantas estava entre os programas terapêuticos ativamente mantidos na clínica.

- Bem, do lado de cá, nós cuidamos basicamente dos obsessores que acompanham todos aqueles que sofrem os efeitos corrosivos psíquicos e físicos causados pelos entorpecentes. De épocas e épocas, nós ativamos as barreiras que cercam e protegem este lugar. Impedimos, temporariamente, o assédio mais intenso, por parte dos espíritos desencarnados.

Até mesmo repelimos os "vivos" que se encontram em desdobramento mediúnico, através do sono fisiológico.

- Como assim? Todo mundo tem acesso a este local; mas, vez ou outra, vocês impedem que mais espíritos possam entrar aqui?

- Deixe-me explicar melhor. Aqui é um local de recuperação física, psíquica e espiritual. Atendemos todos os obsessores que atormentam e incentivam o uso de substâncias entorpecentes nos nossos pacientes. Porém, em períodos próximos ao evento carnavalesco, torna-se inviável permitir que todos tenham acessos irrestritos à clinica. Nesta época do ano, os espíritos mais baixos, moralmente obcecados por ideias fixas de externar a sexualidade e de consumir excessivamente álcool e drogas, saem dos campos do astral inferior e emergem à superfície terrena, prontos para satisfazerem todas suas necessidades mais vis que denotam a inferioridade evolutiva desses irmãos.

"Eles literalmente ficam conectados mentalmente aos encarnados, estimulados a cometerem toda sorte de excessos. Aqui, tal fato não poderia ser diferente. Então, nós erguemos as proteções magnéticas ao redor da clínica e evitamos esse assédio. Isso tudo porque as pessoas que aqui se encontram, estão em busca de mudar a condição de suas vidas. Por vontade própria, elas tentam se recuperar e se libertar das amarras dos vícios. Não poderíamos permitir que uma infinidade de espíritos sedentos de prazeres básicos e distorcidos exercesse influencia obsessiva sobre nossos pacientes."

- Mas não seria uma boa oportunidade para ajudar esses espíritos umbráticos? Perguntou Gustavo em um tom que sugeria uma leve indignação. Elias captou perfeitamente esse levantamento e, com toda a paciência do mundo, respondeu:

- Infelizmente não é possível libertar definitivamente esses irmãos das zonas inferiores do umbral. Eles se diferenciam em muitos dos obsessores que acompanham nossos pacientes. Estes últimos foram selecionados pelo Alto, visto o interesse do paciente em buscar ajuda. Espíritos mais propícios a se recuperarem do vício que carregam consigo no pós-morte são conectados a eles, via afinidade mental, sendo estes os escolhidos do Senhor para uma nova oportunidade.

"Aqueles espíritos que são liberados durante o carnaval, estão em um estágio mais atrasado na evolução, são seres dementados, comandados pelos próprios vícios. Agem impulsivamente por instintos, seja sexual ou de outro tipo qualquer de dependência. Não despertaram para a realidade, mesmo que pudéssemos ajudá-los eles não iriam aceitar e nem ao menos poderiam no enxergar visto a densa composição dos corpos espirituais deles. São seres primitivos de sentimento. Como eu disse há pouco, vivem instintivamente."

Gustavo sentiu-se um pouco envergonhado pelo questionamento feito, mas mesmo assim proferiu outra pergunta.

- Como podemos ajudar esses espíritos mais atrasados?

- Não dando brechas a eles. No nosso país, o carnaval está historicamente enraizado no psiquismo etérico do povo. É um período crítico no mundo astral, mas cremos que as mudanças ocorrerão gradativamente, dependendo também do desejo de quebrar os paradigmas convencionais dessa festividade. Por haver consumo excessivo de álcool, drogas e a exacerbação da sexualidade, não haveria problemas. O fato principal está nos abusos de toda ordem que são cometidos conscientemente pelos foliões. Caso isso não acontecesse com frequência, a festa seria o reflexo da alegria peculiar do povo brasileiro. Meus amigos, é muito grande a inversão de valores na nossa pátria amada. Temos fé de que um dia tudo isso mude definitivamente para melhor.

- Assim seja.

Nellys perguntou como o Centro de Reabilitação consegue manter toda aquela infraestrutura.

- Isso é possível graças a Organizações Não Governamentais Internacionais e Nacionais voltadas ao bem-estar da humanidade, que mantém este local de recuperação aberto e ativo plenamente. Aqui a hospedagem e o tratamento são gratuitos e alguns desses jovens, que chegam sem perspectiva de futuro, ficam tão motivados; que se tornam monitores, dando continuidade às tarefas aqui executadas. Especializam-se em determinada área e aqui permanecem para se ajudar e ajudar os outros. É um ciclo benéfico.

Amélia, que acompanhava tudo em silêncio, disse que era hora de vermos como estava o seu neto, João Marcelo. O pequeno grupo se empolgou, pois todos estavam cientes da situação que trouxe o rapaz até ali. Rumaram em direção à horta comunitária, onde seu neto estava recebendo instruções sobre o plantio adequado das hortaliças.

Livre das influências dos seus obsessores, João Marcelo podia raciocinar com maior clareza. Ele recebia todo o apoio dos monitores e amigos que ali fizera. Sua aparência transparecia tranquilidade e sua aura denotava tons que indicavam desejo ardente de sentir-se livre das drogas e de curar-se definitivamente desse mal.

Amélia aproximou-se de seu neto para que ele pudesse absorver os bons pensamentos que ela lhe transmitia através de uma oração silenciosa.

- Ah se todos tivessem uma avó assim tão atenciosa! Disse Elias gerando uma descontração e risadas.

- E os irmãos dele? O que houve com eles? Gustavo relembrou a história de João Marcelo e preocupou-se com o paradeiro deles.

- Não se preocupe, lembre-se de que quando o médium Pedro transmitiu minhas orientações. Ele exaltou enfaticamente a necessidade de perdoar aos pais e que somente desta forma as portas da vida se abririam para ele. Naquele mesmo dia, ele voltou para casa, decidido a mudar de vida, escolher o caminho certo e, só assim, evitar que seus irmãos mais novos entrassem no caminho da criminalidade também.

"Ao chegar à simples casinha, ele reuniu todos os pequenos e, com muita fé, oraram a Deus para que eles pudessem perdoar os abusos e humilhações que seus pais os haviam feito passar. Não foi fácil fazer com que os meninos entendessem a situação. Por isso, quando todos adormeceram, encontrei-me com eles e esclareci com plenitude a necessidade do perdão aos progenitores. Claro, pedi-lhes paciência e confiança em Deus."

"No dia seguinte, João Marcelo ligou para um tio que morava no Mato Grosso. Há muito tempo eles haviam cessado qualquer contato. Esse tio há anos procurava os meninos, mas todas as suas tentativas em encontrar os sobrinhos foram infrutíferas. Através de um sonho, mostrei para João Marcelo onde estava anotado o telefone dele e aconselhei-o a procurá-lo o quanto antes. Rompida essa barreira, em dois dias esse tio estava abraçando os sobrinhos e encaminhando João Marcelo para esta Clínica de Reabilitação. Em seguida, levou os outros meninos consigo, no intuito de proporcionar a eles uma vida mais digna; simples, sim, mas muito honesta. Quando finalizar o tratamento aqui ele, virá buscar o João também".

- Coisas de Deus. Disse Gustavo segurando a emoção.

- Sim, por isso minha tarefa junto ao meu neto é muito importante e, graças ao bom Jesus, posso contar com o auxílio maravilhoso do Elias e de toda a equipe que o atende física e espiritualmente. O tratamento alternativo e a evangelização baseada nos preceitos consoladores da Doutrina Espírita são os alicerces de que ele necessitava para constituir uma base sólida no caminho reto e livre das drogas.

Antes de partir, os amigos extrafísicos acompanharam os ensinamentos espíritas aplicados no C.R.D.Q. e agradecidos pelas experiências enobrecedoras daquele dia, despediram-se de Elias e Amélia antes de retornarem a outras atividades.

13 O ÚLTIMO ALERTA

Uma nova sessão mediúnica estava para ocorrer no Centro Espírita. Todos os médiuns que compunham a atividade apométrica estavam presentes, mas nem todos estavam em uma frequência vibratória adequada. Oliveira, o dirigente daquela tarefa específica, que se deixara corromper, estava intimamente ligado ao Clã das Serpentes Vermelhas - seres que tentavam impor seu poder e ampliar seu território e esfera de dominação por toda a Terra constituíam um grupo composto por magos negros oriundos da antiga Atlântida.

O médium exteriorizava sorrisos amarelos, enquanto sua consciência cobrava atitudes mais dignas e condizentes com sua proposta reencarnatória. Heloísa estava encoberta por micróbios e vermes astrais, decorrentes de inúmeras relações sexuais meramente casuais, sem nenhum comprometimento afetivo. Além do mais, estava completamente dominada pela vaidade e culto auto-obsessivo ao corpo físico. Os demais médiuns permaneciam com os pensamentos elevados e, principalmente, estavam conduzindo suas vidas de maneira coerente com a mensagem do Evangelho, empenhavam-se na dedicação à família, ao trabalho justo e à busca por novos conhecimentos espirituais e práticas mediúnicas.

A realidade daquela noite era que muito avisos sérios seriam dados. Doesse a quem doesse - assunto importante relacionado à última oportunidade de reparar erros contínuos que se repetiam desde pretérito longínquo. Sabia-se que o momento do degredo espiritual está próximo e que os seres com intenções e atos não condizentes com o bem comum da humanidade serão deportados para o reinício de sua trajetória em planeta primitivo.

Pouco antes do início da sessão, adentrou na sala um mensageiro que fora enviado pelo Plano Maior. Uma intensa luz rodeava aquele espírito, porta-voz do Alto Comando das Benfeitorias Espirituais. Ele era o responsável pela transmissão das instruções específicas aos médiuns apométricos, tendo em vista o grande valor que o Alto dedicava a esta ferramenta divinamente espetacular - apometria - na cura de problemas psicossomáticos, desobsessão e desmantelamento de bases umbráticas.

Aurélio abraçou fraternalmente cada um dos auxiliares extrafísicos e expandiu sua aura para que os médiuns pudessem perceber sua presença e assim dispor de maior intensidade de vontade e ectoplasma para a recepção das mensagens que se seguiriam.

Como de costume, Oliveira abriu o "Evangelho Segundo O Espiritismo" para a leitura e harmonização inicial. Feito isto, Aurélio se conectou mentalmente em Paula, que era a médium em melhores condições e afinidade, portadora da disposição mental mais adequada naquele momento para transmitir através da sintonia psíquica as seguintes orientações:

"Meus bem-amados, o momento requer uma sincera e intensa auto-análise a respeito das atitudes de cada médium aqui presente. Há longa data os temos incentivado ao desenvolvimento mediúnico e à sua prática voltada ao bem coletivo. Deste modo, estamos convictos de que a maioria de vocês seguiu as determinações cabíveis da melhor forma possível. Levamos em consideração as diferenças psicológicas naturais entre vocês e as atividades cotidianas que envolvem o trabalho e a vida sócio-familiar de cada um".

"O principal motivo que me traz aqui na noite de hoje é algo muito mais grave, um problema que está diretamente relacionado com o bom e salutar direcionamento desta mesa apométrica. Vocês sabem muito bem, ou ao menos já deveriam saber, que as santas palavras do Cristo referentes ao "orar e vigiar" são extremamente apreciadas pelo Alto. São indispensáveis para o dever que vocês assumiram ao compor o grupo de trabalhadores que atuam neste Centro Espírita. A obra divina, ou seja, meus bem-amados, a doação ao próximo utilizando o dom da mediunidade, sem interesses mesquinhos, financeiros ou de qualquer outra ordem que fira os ensinamentos deixados por Jesus – o regente espiritual do nosso Planeta – deveria estar sendo mais respeitada por alguns de vocês. Temos acompanhado bem de perto o modo como vocês têm usufruído do livre-arbítrio. Infelizmente, nem todos o utilizam a contento. Percebemos claramente os desvios provocados pelo orgulho, vaidade e ganância.

Temos visto como o desregramento sexual tem influenciado física e psiquicamente vocês. Ah, meus irmãos, por que vocês estão fechando os olhos para si mesmos? Não podem perceber o mal que estão cometendo contra vocês? Nesse aspecto, vocês são completamente livres para seguir o caminho que bem desejarem. O que nós não podemos deixar que aconteça é que essas escolhas perturbadoras atrapalhem o desenvolvimento da tarefa aqui nesta 'mesa apométrica'.

Entendam que a caridade preconizada pelo Cristo e aplicada na Apometria é seriamente estudada e comprometida com o bem da humanidade. Esta ferramenta desenvolvida nos planos maiores está acima de qualquer um de vocês. Dói meu coração dizer que vocês são dispensáveis; não pensem, de forma alguma, que vocês podem desviar-se do plano divino, arrecadando bens ilicitamente ou perdendo-se em orgias e vir aqui forçando um sorriso no rosto para aliviar a culpa ou o remorso. Não, isso não. Nós não precisamos de trabalhadores hipócritas - a história da humanidade está repleta de exemplos desse tipo. Aqui nós queremos pessoas honestas - moralmente corretas -, estudiosas e de boa vontade, para ajudar os outros através do exercício mediúnico".

"Urge a mudança da postura mental. Entendam, como postura moral, vocês já ouviram falar da próxima condição de nosso planeta e alguns já leram obras a respeito. Refiro-me especificamente à deportação em massa que irá ocorrer. Todos os seres que ainda permanecem presos aos instintos animalizados e primitivos, fixados em ideias e causadores de qualquer ato que prejudique a coletividade, serão banidos da Terra.

Se vocês não quiserem despertar após o desencarne em um ambiente hostil e animalizado, sua chance final é agora! É hoje! Não deixem para amanhã, os afins se atraem. O planeta primitivo que se aproxima, destino de milhares que lá reencarnarão, é formado por matéria e possui uma familiaridade que rememora os primórdios da Terra, antes mesmo do aparecimento do *homo sapiens*. Nesse ambiente agreste, os expulsos poderão sentir-se livres para continuar perpetuando todo tipo de atrocidades a que estão acostumados; mas inexoravelmente se encaixarão, cedo ou tarde, no processo evolutivo que é comum em qualquer orbe. Saibam que aqui na Terra não haverá mais lugar para os seres enraizados na maldade. Chegou o momento de o Planeta Terra subir um degrau na evolução sideral, já previsto por Jesus Cristo e muito bem esclarecido nas passagens apocalípticas. Leiam-nas! Aprendam e mudem sua consciência imediatamente. Não esperem pelo amanhecer."

Após o transe mediúnico ao qual Paula foi submetida, o constrangimento geral era visível, mesmo para os médiuns cuja conduta era consideravelmente coerente. Era inevitável não se autocriticar. Para Oliveira foi um choque. Sentia-se como se um raio tivesse o atingido. Sentia-se zonzo e tentava disfarçar o abatimento diante de um puxão de orelhas proporcional ao mal em que ele estava envolvido.

Heloísa não se mostrava muito confortável, justificava o fato para si mesma como algo fantasioso, oriundo da cabeça da médium que transmitiu a mensagem. Julgava ser inveja do seu corpo e do seu *status*. Pensou: "melhor assim, não preciso mais perder meu tempo aqui".

Naquela noite, as tarefas prosseguiram de acordo com o roteiro previamente estabelecido. Um silêncio pesado marcou aquela sessão apométrica. Ao final, despediram-se sem muitas conversas e cada um seguiu seu próprio rumo.

Ângelus agradeceu imensamente a intervenção e o recado dado por Aurélio que informou:

"Não é a primeira vez que dou esse tipo de alerta. As pessoas que iniciam o mandato mediúnico nem sempre persistem na vida moralmente correta; por vezes deixam-se comprar ou se acomodam. Outros não fazem o mínimo esforço para superar os desafios diários com serenidade, paciência e evitam permanecer com a mente agradecida. Além disso, há também o assédio das trevas que vem se intensificando muito, a todo custo eles tentam romper as frentes que trabalham em prol da humanidade, tentam desestabilizar e até mesmo comandar desvirtuadamente os locais que se dedicam à ajuda cristã e humanitária".

Ângelus acrescentou que a atuação dos magos que compõem o Clã das Serpentes Vermelhas anda muito interessado em manipular os governantes. Eles atuam desde a esfera municipal até os níveis mais elevados do Poder. Assim, eles determinam ou ao menos pretendem determinar o direcionamento governamental de acordo com seus vis interesses.

Antes mesmo que Gustavo fizesse suas perguntas, Aurélio, captou mentalmente o interesse que esse tema despertou no jovem que atentamente acompanhava tudo. Antecipou-se e convidou a todos para participarem de uma convenção do Alto, que aconteceria em alguns dias. O assunto principal seria o Clã das Serpentes Vermelhas e suas atividades subversivas.

A euforia tomou conta de Gustavo que, num impulso, abraçou Nellys. Meio sem jeito, o ex-mago Atlante sorriu e disse que certamente estaria lá.

- Tenho certeza de que Gustavo não vai me deixar esquecer. Disse ele em tom de brincadeira, fazendo todos rirem ao se despedir do mensageiro do Alto – Aurélio.

14 CANDIDATOS AO EXPURGO DA TERRA

Ângelus informou a Nellys e a Gustavo que ainda naquela noite eles iriam visitar algumas áreas da cidade onde se encontravam pessoas aptas ao novo reencarne no planeta primitivo que se aproximava da Terra. Veriam pessoas, cuja carga cármica havia excedido os limites toleráveis e não mais possuíam a possibilidade de continuar entre os escolhidos para reencarnações futuras no orbe terráqueo. O nobre mentor disse que o grupo seria composto também pelos médiuns Oliveira e Heloísa, e que ambos seriam induzidos ao sono profundo quando chegassem a suas respectivas casas; para juntos, em desdobramento espiritual, acompanhar a pequena equipe de observação e aprendizado. As constatações seriam de extrema importância para os médiuns desvirtuados e gravemente comprometidos, sérios candidatos ao expurgo da Terra.

Logo que o grupo ficou completo, liderado por Ângelus, todos se encaminharam a uma clínica clandestina na periferia da cidade. Ao chegarem ao local; encontraram, na entrada do prédio, dezenas de espíritos enraivecidos que se aglomeravam uns sobre os outros, fazendo uso de chingamentos e palavras do mais baixo teor, que vibravam noite a fora. A atmosfera do ambiente era densa, nebulosa, um odor acre compunha o cenário. Um leve pavor tomou conta de Heloísa, ao ver vários espíritos com deformações perispirituais, principalmente, na região da cabeça. Todos exalavam ódio e raiva, tornando o clima astral ainda mais conturbado. Por fim, chegaram a uma minúscula sala, composta por uma cama metálica com ferrugem nas bordas e no centro. Instrumentos cirúrgicos amontoados em uma pequena caixa metalizada estavam dispostos numa prateleira, onde havia também blocos com várias anotações ilegíveis. A assepsia do lugar deixava muito a desejar, panos embebecidos em sangue estavam escondidos numa gaveta semiaberta, entristecendo mais ainda o trágico cenário típico de um filme de horror.

Uma jovem de classe média acabara de dar uma quantia em dinheiro a um homem que se dizia médico. A menina de corpo franzino aparentava uns dezessete anos de idade. Bem vestida, falava pouco e estava muito nervosa. O homem de pouca habilidade com as palavras deitou-a na gelada cama metálica e iniciou o terrível procedimento que agredia em todos os aspectos a Lei Divina – o direito a vida. Heloísa sentia-se enjoada com a cena que se desenrolava. Oliveira ficou imóvel, Gustavo intercedeu junto a Ângelus para que fizessem algo. O augusto mentor estava claramente entristecido ao dizer:

- Meu irmão, neste momento não nos cabe interferir, ambos aqui já fizeram suas escolhas. O que nós podemos fazer é socorrer o pobre espírito que se encontra fisicamente em estado fetal.

- Mas o que está acontecendo com ele agora? Ele faz noção do que vai ocorrer? Perguntou Oliveira, enquanto Nellys aplicava um passe energético em Heloísa, que estava passando mal, uma espécie de autobloqueio. Mas, ela precisava observar tudo o que estava ocorrendo para o seu próprio bem.

O bebê pressente e sofre muito com este ato horrendo e criminoso, desde o momento em que a jovem mãe decide abortá-lo. O psiquismo da criança entrou em convulsão, mentalmente encontra-se muito perturbado e revoltado, pois sabe da importância que lhe teria essa vivência carnal, que acaba de ser interrompida.

Finalizado o terrível e repugnável ato, Ângelus envolveu com uma manta luminosa o perispírito da criança que ainda estava intimamente ligada àquela que fora destinada a ser sua mãe. Ele também explicou que no momento oportuno a criança será desligada dela e uma nova oportunidade de ela reencarnar será elaborada. Contudo, antes será necessário promover o reequilíbrio mental deste espírito.

- E o médico, e a mãe? O que vai acontecer com eles? Com lágrimas nos olhos, Heloísa esforçou-se para fazer este questionamento.

- O médico será banido, sem sombras de dúvidas; Ele está carmicamente comprometido, pois já cometeu esse crime hediondo inúmeras vezes. A proposta reencarnatória dele era a prática da legítima Medicina em prol dos menos favorecidos. Posso garantir a vocês que ele caminha muito longe de tudo o que ele se comprometeu em fazer pelo bem da população carente.

"A jovem também terá o mesmo destino. Ela desencarnará em breve, vitimada de uma grave infecção intrauterina adquirida aqui neste ambiente contagioso. Mas, antes ela irá sentir um vazio quase inexplicável, somente sentido pelas mulheres que praticam aborto. Após um período indeterminado nos umbrais, remoendo-se pelo desespero de sua consciência, que lhe cobrará incessantemente a culpa pelo crime contra a vida, ela será resgatada quando ela der os primeiros sinais de autoperdão e de arrependimento sincero. Ela, então, será encaminhada para o Centro Psiquiátrico Menino Jesus. Por hora, façamos uma oração destinada a todos daqui e depois vamos a um outro lugar".

Desta vez, Ângelus solicitou um "aerobus" (Vide obra – Nosso Lar – ditada pelo espírito André Luis, psicografado por Chico Xavier). Rapidamente embarcaram nesse tipo de transporte astral e partiram em direção à capital nacional, sede do Poder Executivo. Entraram na sala de um congressista; que, na calada da noite, arquitetava com seus assessores um plano mirabolante de compra de votos para a aprovação de uma lei absurda, que favoreceria inescrupulosamente a uma determinada classe profissional. Neste recinto limpo, organizado, elegantemente decorado com móveis sob medida, artefatos importados e quadros raros proporcionam o ar luxuoso que exterioriza todo o requinte do amplo lugar. Mas, o ambiente psíquico era igualmente denso e carregado de energias inferiores, contaminado por mentes doentes tanto quanto a clínica de aborto que vimos anteriormente. Aqui, que deveria ser um local representativo das necessidades do povo, é um local utilizado meramente para atingir interesses minoritários a custo de muito dinheiro em troca.

Ângelus comentou que os políticos que se desviam da sua real função – trabalho em prol das carências da população – para obter lucro fácil e vantagens pessoais através da corrupção, venda e compra de votos... enfim, de toda espécie de conduta não condizente com o verdadeiro significado das palavras do Cristo - "amar a Deus sobre todas as coisas e ao próximo como a si mesmo"- serão castigados depois.

Da capital brasileira, rumaram no aerobus para a densidão verde da Floresta Amazônica. O grupo penetrou mata a dentro até uma clareira aberta por caçadores de animais silvestres que lá estavam reunidos ao redor de uma fogueira. Era evidente o alto estado de embriaguez deles, porém esse não era o delito mais grave em questão. O que partia o coração de todos eram os inúmeros animais aprisionados em minúsculas jaulas. Havia uma grande variedade de cobras, incontáveis aves se amontoavam dentro de caixas, muitas já estavam mortas, outras um tanto depenadas. Filhotes recém-nascidos de onça pintada estavam dopados dentro de pequenas jaulas enferrujadas. Isso tudo sem comentar a infinidade de insetos exóticos, sendo que muitos ainda nem foram catalogados oficialmente pelos biólogos brasileiros. Os caçadores se gabavam das vantagens que obteriam com a venda daqueles animais, eles não se importavam se os bichinhos chegariam com vida ao seu destino final.

Contando que o pagamento fosse realizado com antecedência, nada mais importava. Diziam eles que os compradores estavam cientes de que nem todos os animais chegariam com vida a seu destino.

- Tanta crueldade - disse Heloísa baixando a cabeça entristecida.

Ângelus orientou a todos para que observassem detalhadamente o chacra cardíaco dos caçadores. Os centros de força desses homens estavam repletos de musgo enegrecido, reflexo da captura e da matança impiedosa dos irmãos menores da natureza. Disse mais:

- Esses caçadores embrutecidos que não conseguem ver a criação divina na fauna que nos cerca também serão deportados para o Planeta Intruso. No orbe onde renascerão estarão em conformidade psíquica com o novo ambiente astral que lhes aguarda. Aqui eles não caçam para comer como faziam os antigos povos que habitavam a Amazônia, eles simplesmente aprisionam os filhotes indefesos dos animais silvestres e os comercializam por altos valores mercadológicos. Notem que todos esses homens possuem corpos perfeitos, ou seja, a Providência Divina muniu a todos com recursos físicos hábeis para que tivessem a oportunidade de escolher qualquer outra atividade remunerada, não há desculpas. Eles não aproveitaram sua última chance e, inexoravelmente, serão arrastados magneticamente para um orbe inferior, o qual servirá de professor do verdadeiro valor da vida.

- Ângelus, nessa madrugada nós nos deslocamos para situações completamente diferentes uma das outras, em regiões muito distintas também, há algum motivo para isso? Perguntou Oliveira, médium em desdobramento espiritual.

- Sim, obviamente a intenção é demonstrar que ninguém está livre de ser deportado da Terra, não importa a classe social, nível intelectual ou mediúnico. A análise de quem vai partir é realizada através das atitudes em vida, nesta vida. Praticar o bem desinteressado equivale a uma determinada pontuação, se assim podemos definir.

"Caso alguém tenha praticado o bem, mas esperando algo em troca, outra pontuação é obtida. Quem não pratica caridade alguma, mantendo-se estagnado na redoma de vidro do egoísmo, recebe míseras pontuações, quando recebe algo. Aquele que prejudicou um indivíduo ou uma coletividade; e digo de passagem que você pode incluir nesse último grupo os desmatadores e caçadores, ou seja, os criminosos da flora e da fauna, também recebem seus "pontinhos". A lógica é simples, quanto maior a pontuação que estiver arquivada em beneficio da humanidade, melhor. Pois ela irá renascer na Terra quando o nosso Planeta evoluir na escala sideral. Em contrapartida, aquele grupo de pessoas que trouxe infortúnios à mãe natureza ou a humanidade... já sabem a resposta. Renascerão num orbe animalizado, muitíssimo primitivo, daí a caminhada recomeça praticamente da estaca zero para esses espíritos. Agora está na hora de voltarmos".

Ângelus, ainda exaltou a necessidade de que, antes do reacoplamento dos médiuns, era importante revitalizá-los e ativar o córtex cerebral responsável pelas lembranças das experiências verificadas nesta jornada; para que, ao despertarem, eles estivessem muito conscientes de todos os aspectos e experiências físicas e psíquicas que vivificaram, principalmente para melhor refletirem em relação à própria atitude.

15 PROVAS DA VIDA

Heloísa acordou aos prantos com a forte impressão dos acontecimentos vividos na noite anterior, literalmente foram sonhos reais. Assim, ela considerava as suas próprias lembranças.

Tomou café, envolvida em muitos pensamentos sobre como estava levando a sua vida, pensava em até que ponto tudo isso estava valendo à pena. Fazia vários autoquestionamentos, decidiu então sair cedo para uma longa caminhada matinal, só assim ela poderia refletir um pouco mais sobre o modo pelo qual passava os seus dias.

Oliveira despertou de sobressalto, com o semblante visivelmente tenso e perturbado, pensava num meio de desfazer a grande encrenca em que havia se metido ao aceitar propina e envolver-se no esquema ilegal de favorecimento àquela empreiteira. "Estou num caminho sem volta", repetia em voz alta, enquanto perambulava de um lado para o outro do seu quarto, preferiu nem tomar café e saiu apressado.

Clarisse levantou da cama, arrumou-se elegantemente como de costume, deixou seu enteado na escola e foi em direção ao Centro Espírita, onde participaria de escola de desenvolvimento mediúnico. Ela estava adorando esta nova perspectiva da vida que o conhecimento mais aprofundado da Doutrina espírita lhe estava proporcionando. Interagia bastante na parte teórica do estudo e sentia algo diferente dentro de si, não sabia ao certo o que ocorreria na parte prática do desenvolvimento da mediunidade; no entanto, na respectiva sala, sentou-se ao lado da experiente Édina, a médium doutrinadora do Oliveira. Ambas sentiram grande simpatia uma pela outra e, juntamente com todos os aprendizes, realizaram uma oração de abertura e foram seguindo as orientações dos instrutores da escola.

Entregou-se de corpo e alma às boas causas do espírito, focada somente em ajudar. Foi quando Clarisse começou a sentir fortes formigamentos em seu corpo, os seus pés davam a sensação de que estavam grudados ao chão, ela recebia o apelo de seu mentor que a incentivava a se concentrar e se entregar totalmente, avisando-a que ela estava sob a proteção de bons espíritos e, por isso, seria muito bem amparada. Édina, percebendo a situação passou a falar calmamente com Clarisse.

- Clarisse, agora eu quero que você se deixe levar pelas sensações que estão ocorrendo com você neste instante, mantenha-se atenta ao que acontece nos dois lados da vida. Do lado de cá, permaneça ouvindo a minha voz, irei te conduzir, mas preste atenção também ao lado de lá, basta você ir me dizendo tudo o que você sente, vê ou ouve.

- Édina, eu sinto um pouco de medo, mas quero prosseguir.

- Continue, eu vejo que ao seu lado tem um senhor muito humilde que quer comunicar algo, deixe-o falar através de você.

Clarisse conseguiu visualizar quem era o comunicante, enxergou detalhes das vestes dele, sentiu o seu cheiro característico e até mesmo o seu modo de falar. Porém, antes de efetuar a comunicação ela explicou a Édina quem estava ali querendo entrar em contato com ela através da psicofonia.

- É o seu Adamastor quem está aqui. Ele era o caseiro do nosso sítio, morreu de insuficiência respiratória. Ele ainda está usando suas roupas de costume, calça *jeans* surrada e dobrada nas barras, camisa xadrez manga curta e chapéu de palha. Sinto o cheiro desagradável do cigarro de palha dele e também posso ver-lhe as feridas na pele morena.

- Muito bem, Clarisse. Estou contente com a descrição mediúnica que você fez dele. Agora precisamos ouvir o que ele tem a dizer, só assim conheceremos as suas reais necessidades. Pois sei que ele precisa ser ajudado.

Clarisse venceu a última barreira que impedia a fluência da comunicação, deixou o medo de lado e, naturalmente, deixou que ocorresse o seguinte diálogo:

- Dona Clarisse, que satisfação ver que a senhora "ta lindando com esse negócio de espírito". Acho que foi por causa disso que consegui chegar até esse lugar. A senhora sabe que morri. Eu mesmo pensava que iria encontrar um grande e bonito jardim florido pra descansar, que nada! Passei por uns maus bocados, fui perseguido por uma turma da pesada, consegui fugir deles por um tempo, daí perdi a noção das datas, não sabia mais se era presente, passado ou futuro. Quando dei por mim, eu estava num deserto morrendo de sede e não tinha nem uma gotinha d'agua. Mas, eles eram todos loucos da cabeça, não falavam nada com nada, mesmo. Daí, lembrei que um dia a senhora me entregou uma pulseirinha de Nossa Senhora Aparecida e me atirei de joelhos e rezei igual a um condenado diante da forca. Implorei para que ela viesse me salvar. Quando vi, do meu lado tinha um doutorzinho bem novo que me esticava a mão, disse que tinha ido até lá para me levar para um lugar bom. Aí quase morri de novo de tanta felicidade.

"Passei um tempo me recuperando num posto de saúde, agora eles me trouxeram até aqui para que eu possa receber umas energias da senhora, antes de seguir paro bendito jardim de flores. Mas, os bons espíritos já me avisaram, lá não tem descanso, todo mundo trabalha, e muito por sinal".

- Não se preocupe com isso por enquanto. Agora nós vamos envolvê-lo em muitas energias vibrantes e salutares, deixe que estas cores lhe tragam toda a vitalidade de que você necessita neste momento - disse Édina ao espírito desencarnado.

Cores específicas, desejo mental direcionado, ectoplasma dos médiuns e aparatos astrais compunham o contexto necessário para refazer aquele espírito que se manifestava. Finalizado o socorro, Clarisse olhou para Édina com lágrimas expressivas de comoção que traduziam tudo o que ela estava sentindo, um êxtase proporcionado pela caridade sem interesses mesquinhos.

A parte prática transcorreu sem maiores dificuldades, antes de se despedirem Clarisse havia se demonstrado muito interessada em contribuir mais ainda. Falou do desejo e da intuição que sentia a respeito de fazer mais pelos outros e, consequentemente, para si mesma, através do exercício mediúnico. Édina, percebendo o interesse e a disposição sincera disse:

- Olha Clarisse, posso falar com o dirigente responsável da mesa apométrica sobre você e, se tudo der certo, em breve você poderá contribuir imensamente com a nossa tarefa. Pois você sabe que todas as pessoas bem intencionadas e dedicadas ao estudo das técnicas de mediunidade, possuidoras de vontade firme de ajudar serão sempre bem-vindas. Não se preocupe, na semana que vem, nós nos falaremos novamente.

- Mal posso esperar - disse Clarisse com um sorriso incontrolável. Assim, as amigas se despediram.

Nesse ínterim, Oliveira olhava as horas no relógio pendurado na parede à sua frente. Sabia ele que em instantes receberia uma nova visita do "amigo" da empreiteira, cuja propina ele aceitou em troca de favorecimento desta empresa na licitação pública, dando o velho jeitinho muito difundido entre alguns poderosos brasileiros.

Algo massacrava seu peito, como se estivesse próximo a ter um ataque cardíaco. Suas mãos estavam suadas, sentia um frio dilacerante percorrer por toda a sua coluna. Tentou fazer uma oração, mas havia uma infinidade de conturbados pensamentos que impediam que ele se concentrasse.

Ângelus, Nellys e Gustavo acompanhavam o desenrolar das três histórias que envolviam os protagonistas ligados à prática mediúnica. Observavam tudo através dos aparelhos sofisticadíssimos que existem na sala de projeções do Centro Espírita, obviamente, no lado astral, ou seja, na vida extrafísica onde a tecnologia é infinitamente mais avançada do que a existente entre os encarnados da Terra. Como as situações transcorriam quase que simultaneamente e em terceira dimensão, os estudiosos do além analisavam todas as mínimas nuances psicológicas e mediúnicas de cada envolvido, inclusive puderam ver todos os detalhes extracorpóreos quando o representante da empreiteira adentrou a sala de licitações.

Ele estava acompanhado por dois membros do Clã das Serpentes Vermelhas, que trajavam vestes pesadas de um tecido escuro, semelhante à roupa utilizada pelos abades enclausurados. O cinto parecia de seda vermelho-sangue e movimentava-se com leveza, como se tivesse vida própria. O rosto dos seres estava semicoberto por um denso capuz, tecido minuciosamente por energias mentais hipnóticas, que indicavam um alto poder sugestivo de quem havia preparado aquelas vestimentas. Esse fato pressupunha que eles eram vigias ou guerreiros das Serpentes e, evidentemente, estavam sob forte domínio mental dos seus senhores, que não se expunham tão facilmente.

Com os olhos vidrados nos olhos de Oliveira, o agente da empreiteira fitou novamente o diretor de licitações e, com um peculiar sorriso sarcástico, entregou outro envelope recheado de dinheiro e ao mesmo tempo em que dizia:

- Nossos negócios estão indo "de vento em popa", iniciamos várias obras, inclusive a daquela escola no bairro mais afastado da cidade. Lá é bom, porque ninguém vai se importar, é tão longe que nenhuma alma penada vai aparecer para estudar naquele fim de mundo. Então, vamos apenas dar início às construções e deixar o restante só no papel. É claro que contamos com a grandiosa remuneração da Prefeitura, espero que você tenha compreendido o recado. Dito isso, o homem estava prestes a ir embora quando ouviu o impensável.

- Não posso mais ser conivente com essa roubalheira descarada, precisamos parar agora - disse Oliveira sentindo o corpo tremer por inteiro.

Com os olhos ardentes de raiva e fúria, o homem despejou todo o veneno réptil em suas palavras mais mordazes.

- Não há mais volta, meu caro Oliveira! Os contratos já estão assinados, se você confessar publicamente toda a nossa falcatrua, você será o primeiro que sofrerá um processo gigante, inclusive da nossa própria empreiteira, por estar dizendo imoralidades a nosso respeito. Nós vamos sair ilesos e sua carreira e bela imagem de bom moço estará arruinada para sempre.

Nessa hora, os soldados das Serpentes Vermelhas anexaram um aparelho em *titanium* na nuca do médium. Esse sutil receptor captava fortes sugestões hipnóticas, oriundas de uma das bases desse Clã, no astral inferior. Um mal súbito tomou conta de Oliveira, ocasionado pelo contato inicial com o estranho objeto e suas energias carregadas de comando mentais. Antes mesmo que pudesse pronunciar qualquer outra palavra, o astuto homem finalizou a conversa com ameaças bruscas e diretas:

- Além do mais, senhor Oliveira, sabemos com exatidão tudo sobre a vida dos seus pais, até mesmo das sérias doenças que o seu velho enfrenta. Você sabe, aqui no nosso país a gente dá um jeito em tudo, até mesmo em antecipar o fim daqueles que atrapalham os planos de quem manda mais.

Dito isso, ele pegou novamente o envelope e atirou para o alto, espalhando todas as notas pelo chão e por sobre a mesa. Prometeu que haveria um derradeiro encontro em breve e que Oliveira deveria refletir melhor sobre as asneiras que havia falado há pouco.

Oliveira ficou estático, nem pensamentos e nem atos, apenas ficou imóvel, até o momento em que sua secretária entrou na sala, despertando-o do transe em que se encontrava. Ela olhou para todo aquele dinheiro espalhado nos quatro cantos da sala, preferiu o silêncio e se retirou rapidamente.

16 ESCLARECIMENTOS DO PAI JOAQUIM

Nellys estava perplexo com as táticas coercitivas utilizadas pelos técnicos pertencentes ao Clã das Serpentes Vermelhas. Ele mesmo já fizera parte do lado escuro da magia, mas isso foi em um tempo remoto, antes de ser socorrido pelos espíritos luminosos. Diferentemente, a tecnologia empregada na atualidade desponta em muito daquilo que ele utilizava. Até porque ele não pertencia à 'elite' desse clã, não fazia parte das primeiras gerações de iniciados nos templos da Antiguidade. Se há alguma forma de classificá-lo, quando membro das Serpentes, poderíamos incluí-lo no terceiro escalão da magia negra. Aqueles dois espíritos que acompanham o representante da empreiteira são os soldados trevosos, os seres que colocam em prática os planos mirabolantes de dominação dos grandes magos.

Gustavo queria fazer algo para ajudar o médium Oliveira a se desvencilhar dessa enrascada o mais urgente possível, todavia foi durante esse assunto preocupante que Ângelus interveio.

- Em breve teremos novamente a agradável companhia do nosso amigo Pai Joaquim. No momento, ele está atuando em outra frente de batalha extracorpórea contra as forças do mal, mas em breve vocês o acompanharão no socorro providencial ao médium Oliveira e a outras tantas pessoas que estão sob forte obsessão.

- Qual o interesse deles em arruinar a vida do Oliveira? - perguntou Gustavo.

- Ele é portador de inúmeras dívidas, inclusive para com esse clã. Ele também já fora um mago das trevas em existência pretérita, na atual encarnação ele se propôs a utilizar coerentemente a mediunidade para reparar inúmeros equívocos do passado.

- Ah, então a perseguição é estritamente pessoal? - questionou preocupado Nellys.

- Não é tão simples assim. Os líderes do Clã sabem que o médium é muito querido entre os trabalhadores do Centro Espírita e também é muito requisitado pelos pacientes que aqui buscam tratamento alternativo através da apometria. Ao denegrir a imagem do médium, inevitavelmente ele se afastará daqui, ocasionando uma série de especulações dentro desta casa e fazendo com que o Centro Espírita se divida em dois, influenciado por sugestões equivocadas e maldosas. Em resumo, é uma estratégia muito utilizada pelos militares conquistadores em todos os tempos da humanidade, simples, "dividir para conquistar". É claro que ele não é insubstituível, a nossa instituição está acima de qualquer médium, mas nós tentamos preservar os nossos trabalhadores da melhor forma possível, sempre respeitando o livre arbítrio de cada um.

"Mas há outros interesses ainda. Hoje é um setor da prefeitura, amanhã duas, três secretarias, depois estarão infiltrados em todos os poderes municipais, estaduais, e nacionais. O que já está ocorrendo, que fique bem esclarecido este ponto, com o objetivo de trazer novamente a escuridão a todos, provocando o caos, o descontentamento geral do povo, instigando revoltas aqui e ali no intuito de causar uma nova revolução francesa aqui no nosso país e trazendo à tona os nebulosos pensamentos e atitudes do tenebroso período da chamada santa inquisição."

Os amigos apenas se entreolharam e, em silêncio, ficaram divagando sobre o retrocesso à humanidade que esses seres pretendem causar. Ângelus foi solicitado em outro setor do Centro Espírita, designando também algumas atividades para Nellys e Gustavo, enquanto aguardavam a chegada do Pai Joaquim.

Ao pôr do sol, um aroma inebriante de diversas ervas medicinais tomou conta de todo o ambiente. Em cada canto do Centro Espírita pôde ser sentido o suave perfume da natureza, entre os frequentadores e os obreiros espíritas uma sensação de doce conforto se mesclou com uma peculiar estranheza de muitos, pois um fato desta magnitude ainda era desconhecido de inúmeras pessoas. Apenas alguns clarividentes e os trabalhadores extrafísicos identificaram a origem do fenômeno olfativo. Devido à presença sublime e edificante de Pai Joaquim, uma espécie de limpeza astral estava sendo realizada nos moldes que o bondoso Pai Velho estava habituado a fazer.

Pai Joaquim estava acompanhando de Aruande, um jovem aprendiz das práticas utilizadas na umbanda. Ambos foram ter com Ângelus o direcionamento e a programação da tarefa que juntos executariam.

Após o saudoso reencontro entre espíritos que se conhecem há séculos, Ângelus expôs a situação de obsessão complexa que estava ocorrendo com o médium Oliveira. Explicou também que o interesse dos senhores das trevas é a desestruturação moral e física daquela casa espírita, pois ao atingirem o dirigente da mesa apométrica, estariam também influenciando outros tantos simpatizantes do Oliveira.

- Ângelus, meu bom amigo, você bem sabe que estamos a enfrentar a antiga estratégia do dividir para conquistar. Essa está muito longe de ser a primeira e única investida das trevas para desmoralizar esse local de socorro e de alento. Há muito anos eles tentam fazer com que este posto de ajuda humanitária e espiritual fracasse nos seus intentos divinos os quais estamos comprometidos a cumprir. Disse isso a Pai Joaquim colocando a mão sobre o ombro do nobre mentor extrafísico do Centro Espírita:

- Sim, Joaquim, não faz muito tempo, comentei com Nellys sobre o dia em que iniciamos os atendimentos apométricos à população. Foi insana a tentativa de invadir nosso centro, tivemos que reforçar nossas barreiras de proteção magnéticas e, mesmo assim, os guardiões tiveram muito trabalho. Sem esquecer o assédio aos médiuns que tiveram o bom coração de atender ao pedido do Alto. Dedicados em aprofundar as pesquisas e estudos específicos sobre a Apometria antes de colocar essa ferramenta em prática, eles foram muito obsediados de diversas maneiras, mas cada um superou os obstáculos com fé e coragem de prosseguir avante.

"Foi uma época um tanto conturbada para todos, mas com muita dedicação, muito estudo, disciplina e fé. Passamos juntos pelos desafios iniciais de implantação da Apometria. Hoje, estamos aqui reunidos para que possamos preservar o bom desenrolar de todas as atividades à população encarnada e desencarnada que nos procura em busca de auxílio."

- Realmente, nossas atividades vão muito mais além do que a maioria dos médiuns são capazes de imaginar, muitos ainda nem sequer leram as obras pilares da Doutrina Espírita, o pentateuco, brilhantemente codificado por Allan Kardec.

- Joaquim, buscamos incansavelmente a sensibilização dos trabalhadores da seara espírita ao aprimoramento científico, filosófico e moral. Muitos médiuns estudam em universidades espiritualistas quando desdobrados pelo sono físico, porém, de todo o conhecimento adquirido no mundo astral, apenas de cinco a dez por cento são transmitidos ao nível consciencial. O subconsciente arquiva e repassa em forma de intuição e estímulo em obter maiores informações a respeito de determinado tema, cabe ao médium, quando em vigília, pesquisar, pesquisar e pesquisar a vida oculta e seus aspectos mais detalhistas.

- E diga-se de passagem, é vastíssimo o campo a ser pesquisado no que se trata de mundo astral, mediunidade e técnicas terapêuticas, sem falar das variadas formas de obsessão, aparelhos que causam danos ao corpo físico e poder do pensamento.... nossa, por aí vai mais um milhão de informações - completou Gustavo.

- A estagnação intelectual leva ao comodismo, à falsa crença de que não há mais nada a conhecer, ou de que não existe mais nada no mundo espiritual para ser descoberto. Essa ignorância fragiliza as pessoas moralmente também, deixando-as à mercê de influências malignas, obtusas e interesseiras. Ocorre como uma bola de neve, o que no início é um pequeno descuido, vai ganhando, com o tempo, proporções cada vez maiores - comentou Aruande que acompanhava o diálogo.

- Orai e vigiai, completou Ângelus conduzindo os recém-chegados ao jardim do Centro Espírita, onde se assentaram nos bancos de madeira cuidadosamente preservados, talhados e pintados. O pequeno paraíso estava iluminado por luzes que partiam do chão em cores lilás e verde. Uma decoração zelosa e caprichada criava um ambiente que exteriorizava paz e serenidade. A atmosfera ao ar livre era composta por uma constelação brilhante, destacava-se no céu o satélite natural da Terra, a Lua, o que levou Pai Joaquim a tecer os seguintes comentários:

- Hoje, estamos nós aqui sentados entre amigos, neste pequeno Éden. Podemos sentir o aroma das flores, estamos com o nosso espírito em paz, admirando a linda paisagem noturna ao véu alvo da Lua. Mas, a vida não é somente essa tranquilidade plena que vivenciamos agora. Percebam que no lado escuro lunar há milhares de espíritos rebeldes, ou melhor, em grau de evolução primário. Estão apenas aguardando a passagem do planeta higienizador para serem transferidos para uma nova atmosfera. Digamos que eles estão estagiando no lado sombrio da Lua, entre os seus semelhantes de ideias e atitudes degeneradas contra a humanidade.

A compaixão com esses irmãos fora demonstrada através de uma pausa silenciosa. O paradoxo do momento era a admiração de uma paisagem tão linda aos olhos humanos; mesmo sabendo que milhares de espíritos cruéis também compunham aquela visão, uma mistura de beleza e horror oculto. Ângelus quebrou o silêncio ao esclarecer que estavam prestes a partir numa investida contra um laboratório das trevas instalado meticulosamente abaixo da Catedral, que fora construída sobre um antigo cemitério.

Um grupo de especialistas participaria daquela missão de desmantelamento daquele centro de pesquisas e práticas subversivas. Ângelus informou que o local é usado habilmente pelos cientistas do Clã das Serpentes Vermelhas para o desenvolvimento e implantação de microcondutores mentais e outros aparelhos destinados ao domínio mental, designados exclusivamente às pessoas que se dedicam à obra sincera de edificar a palavra do Cristo. Incluem-se como alvos os médiuns, padres, pastores e divulgadores espiritualistas das verdades deixadas pelo mestre Jesus.

- Mas, qual a relação do local em que está instalado o laboratório com a Catedral e o antigo cemitério? - perguntou Aruande.

Desta vez, quem respondeu a questão foi Pai Joaquim, ao afirmar que "os cientistas haviam se instalado ainda na época que o cemitério estava ativo. A atração principal era a facilidade em obter os restos de fluidos vitais dos recém-desencarnados, que servem de ingrediente-base para a formulação de diversos experimentos. Eles utilizavam também matéria-prima derivada dos pensamentos angustiosos e, algumas vezes, degradada pelo ódio e pela revolta dos próprios parentes daqueles que haviam morrido".

"Um dos primeiros aparelhos desenvolvidos foi anexado junto ao principal centro de força do arcebispo da Diocese local. O êxito foi total; pois em pouco tempo, logo após o fechamento do cemitério, a sede da Igreja foi transferida para logo acima do laboratório astral inferior. Esse fato gerou grande excitação por parte dos cientistas. A determinação da construção e escolha do novo local da Catedral partia do núcleo do laboratório. Depois eles continuaram suas atividades a pleno vapor, instalando uma série de microaparelhos, tanto nos padres quanto nos católicos descuidados que frequentavam os cultos dominicais. Reparem que, dessa forma, eles conseguiram afastar dali inúmeros adeptos ao catolicismo e passaram a controlar o núcleo regional dessa Igreja, colocando os seus frequentadores contra os adeptos ao Espiritismo e dos cultos Evangélicos. Da mesma forma, eles continuam inspirando os espiritualistas de fachada contra os crentes mais radicais e vice-versa. Isso é só uma pequena parcela do plano mirabolante dos mestres das trevas, que pretendem impor mais mil anos de escuridão para toda a humanidade".

17 SOMBRAS

O portal de acesso ao laboratório estava localizado exatamente no centro de convergência da catedral. No piso, marcas de insígnias de tempos esquecidos pela memória da maioria, lembranças de uma civilização distante que cultuava os elementos da natureza na mais pura essência, aplicados estudos dos segredos ocultos da vida, acostumados aos grandes templos iniciáticos do passado remoto.

Hoje, desvirtuados das ideias originais da magia de luz destinada, principalmente, para ser utilizada em prol da humanidade; os remanescentes que não estão vivenciando novas experiências na matéria física através da reencarnação estão escondidos nos redutos do submundo astral, corroídos pelo orgulho e cegos pelo poder, postergam o retorno à carne há milênios e encontram-se perdidos em planos e estratagemas mirabolantes que visam à dominação mundial, de forma que os senhores detentores do poder astral inferior possam emergir das crostas terrestres para impor o medo e a escuridão a todos os moradores do Planeta, sejam encarnados ou desencarnados.

Uma ilusão de óptica formada pelo comando mental de magos impedia a visualização da entrada ao laboratório astral, essa tática foi desenvolvida para inibir a observação de médiuns clarividentes e espíritos que pudessem interferir no andamento das atividades lá realizadas.

Aos olhos comuns, e até mesmo de um clarividente despreparado, não havia nada além de mera simbologia gravada no piso de mármore. Mas, a equipe liderada por Pai Joaquim, recebia as instruções necessárias para os avanços territoriais que se sucederiam até ao centro nuclear do laboratório astral.

- Meus filhos, nós estamos agora ao redor da única entrada acessível ao laboratório, percebam que há uma forte energia magnética em torno desse círculo. Ao camuflar o portal principal com energia psíquica determinada; campos de força específicos foram criados, mais precisamente três barreiras - uma etérica, outra astral e a terceira, mental -, no intuito de barrar espíritos desencarnados e também o acesso dos médiuns desdobrados em qualquer um dos corpos espirituais.

- Como nós vamos entrar sem sermos notados? Deve haver algum tipo de alarme em caso de invasão, não é verdade? - perguntou, um pouco apreensivo, Aruande.

- Meu jovem, mantenha a calma e os pensamentos em elevação, pois em mais alguns minutos teremos a chegada de Ângelus, que virá com um médium muito especial, portador de imenso magnetismo e sensibilidade extrassensorial quase indescritível, capaz de nos fornecer uma ajuda imprescindível na nossa tarefa.

Até então, o grupo estava composto por Pai Joaquim, Nellys, Aruande e Gustavo. Já era tarde da noite e a Catedral estava vazia, havia alguns espíritos em transe quase hipnótico de autoflagelação, estavam tão absorvidos em suas próprias culpas e remorsos que não podiam perceber a presença do pequeno grupo de luz. No ínterim, até a chegada de Ângelus, Pai Joaquim e os outros se aproximaram desses espíritos em sofrimento extremo. Eram aproximadamente dez ou doze seres de faces desfiguradas pelas amarguras gravadas no íntimo de suas memórias mais remotas.

- Observem este aqui. Vejam que nos olhos dele não existe nenhum tipo de expressão que lembre qualquer sinal vital e de lucidez. Vamos entender melhor o motivo de tamanha agonia.

Pai Joaquim solicitou que Nellys utilizasse o aparelho que estava carregando consigo. Ele conectou um sensível receptor na região frontal da testa do espírito. Este microssensor estava ligado a um fio prateado extremamente tênue, que fazia conexão com uma base fluídica que media uns quinze centímetros de circunferência, com espessura aproximada de dois centímetros e que flutuava a um palmo do chão, projetando - em terceira dimensão - imagens de perfeita visualização e sendo audível somente aos observadores. Ao inicializar-se o programa específico, pôde-se compreender melhor aquele martírio.

O ser analisado remoía as tristes lembranças de uma vivência longínqua. Ele fora um soldado romano que acompanhara o Mestre Jesus na sua Via Sacra e não se perdoava por ter cuspido no Salvador, agredindo-o física e verbalmente diversas vezes, embriagado pela inveja e pelo ódio do carisma transmitido pelo Cristo. O ser cerrou os punhos ao afago, selou seus lábios à palavra consoladora e fechou os olhos aos dóceis ensinamentos pregados pelo Messias. Apenas admirava as torturas de todos os matizes que foram aplicadas impiedosamente ao Mensageiro Sublime.

Antes mesmo de tecer quaisquer comentários a respeito do caso, Gustavo perguntou por que os cientistas não estavam utilizando-o em suas pesquisas como mera cobaia.

Pai Joaquim respondeu:

- Ele se auto-hipnotizou e isso impossibilita a ação nefasta dos cientistas, de fato ele mesmo se transformou em cobaia de sua própria dor. Pelo visto, ele sentiu atraído por este local por algum motivo que ainda desconhecemos; provavelmente por causa da existência de outros tantos em estado igual ao dele e, quem sabe, aqui o seu sofrimento seja um pouco mais ameno do que se ainda estivesse nos charcos umbráticos.

- Podemos ajudá-lo? Questionou Aruande.

- Ele precisa de um choque anímico para que desperte da profunda auto-obsessão...

Mal concluiu a frase, adentrou no recinto Ângelus com o médium Miguel, anteriormente citado por Pai Joaquim. Após ligeira apresentação, ocorreu um fato surpreendente: o médium, em desdobramento mediúnico, pôs-se à disposição da equipe para que fosse realizada uma incorporação naquelas condições. Seria o despertar necessário para o espírito do ex-soldado romano.

Ângelus explicou que mesmo em condições de desdobramento, o ectoplasma e os fluidos anímicos do médium seriam um bálsamo para aquele espírito. Ocorreria quase com a mesma intensidade que uma psicofonia realizada quando em vigília. O importante naquele caso seria o despertar do espírito para a nova realidade que se descortinaria às suas vistas.

Pôde-se perceber que o espírito fora acoplado ao corpo perispiritual do médium. Novos moldes foram se formando em torno do ser em degradação mental e perispiritual. Combinado com as vibrações emanadas de Pai Joaquim, o espírito em questão conseguiu demonstrar reações de vitalidade, seus olhos buscavam reconhecer quem eram aquelas pessoas ao seu redor. No momento, não havia condição alguma de formulação de palavras, devido ao longo período de autopunição e demência em que aquele irmão se encontrava. Aos poucos, as características da fisiologia humana foram tomando formas mais definidas. Até o momento que o ser adormeceu. Passes magnéticos foram aplicados nos outros espíritos, pelo menos naqueles que estavam em condições de recebê-los. Uma mensagem aos enfermeiros e trabalhadores do Centro Espírita foi dirigida por Ângelus, para que enviassem uma equipe de socorristas para resgatar aqueles espíritos.

Miguel sentia pulsar na sua mente palavras sem muito nexo aparente, esses impulsos partiam de algum local do laboratório em que eles estavam prestes a entrar. O Médium foi colocado sobre o cetro da passagem e a ele foram ligados sutis fios dourados que terminavam em um aparelho difícil de descrever, mas que se assemelhava a pequenos reagentes magnéticos, se assim pode ser definido. Esses sensores magnéticos foram anexados ao redor do círculo de acesso. O médium entrou em transe e foi levitando até atingir uma altura em torno de dois metros de altura. Ângelus explicou que esse procedimento visava assegurar o bem-estar do doador daquelas energias, necessárias às microexplosões que se sucederiam. Ao inicializar o estranho aparelho que tinha nas mãos, uma série de pequenos e praticamente inaudíveis estrondos puderam ser observados pelos olhares atentos da equipe espiritual.

- Pronto. Vamos entrar - disse Ângelus.

- Por favor, explique-nos o que acabou de acontecer. Perguntou Nellys, um tanto intrigado com o que acabara de presenciar.

- Miguel é um médium que possui uma fonte imensa de ectoplasma potencializado, digamos que o material exalado dele é o reagente químico primordial que, em contato com outras substâncias desenvolvidas na esfera astral, gerou essa combustão e, por consequência, as microsexplosões que presenciamos há pouco. Mas, esse não é o único atributo dele. No decorrer da nossa tarefa, ele irá demonstrar os motivos pelos quais foi convidado para ingressar no reduto de pesquisas das Serpentes Vermelhas.

Agora que o grupo estava completo, um a um foi penetrando no submundo astral que, aos poucos, seria desvendado. Pai Joaquim, tomou a frente na íngreme descida que, nem de longe, lembrava um laboratório. O terreno era formado por pedras cobertas por musgos. Tínhamos que, literalmente, escorregar sobre o terreno acidentado com muita cautela. Embora possa parecer estranho que um grupo de espíritos estivesse nessa condição ao invés de simplesmente volitar, isso era realmente necessário para a melhor adaptação ao ambiente que revestia toda a atmosfera inferior, devido ao adensamento perispiritual.

Na medida em que avançávamos, podia-se perceber que caminhávamos por um corredor cujas paredes eram formadas por grandes blocos de pedra, úmidos e com algumas inscrições. Parecia até que havíamos voltado no tempo, pois nada ali nos remetia a qualquer indício tecnológico, havendo, inclusive, de trechos em trechos, tochas penduradas nas paredes, dignas da era medieval.

Pai Joaquim pediu para que todos parassem por um instante, solicitou ao médium desdobrado que firmasse sua atenção aos pulsos mentais que fluíam de um local ainda desconhecido.

Além de possuir uma sensibilidade aguçada e de manter estreitos e reais vínculos entre os dois mundos, Miguel, que era uma pessoa calada, fechou os olhos e pôde visualizar uma linha pontilhada que os guiava pelo caminho a ser percorrido. Diante de nós surgiu um labirinto; de repente seis corredores estavam a poucos passos. Um minuto atrás, nosso caminho era uma descida difícil de ser percorrida; agora, poucos metros a nossa frente, estava sendo formado um labirinto, de paredes cada vez mais estreitas, diria até que intransponível aos claustrofóbicos.

Nellys estava encarregado de catalogar todas as insígnias e mapear o trajeto minuciosamente, para posteriores investidas do Alto, no intuito de reformular todo aquele ambiente sinistro que estava sendo desvendado. Ângelus explicou que aquele labirinto era mais uma ilusão de óptica criada pelas Serpentes Vermelhas, alertou que mesmo que o médium tivesse identificado o caminho correto, isso não os livraria de eventuais armadilhas, por isso pediu atenção redobrada, principalmente com as artimanhas que visavam ao controle mental - pior que isso, aquelas que objetivavam o descontrole mental.

Antes de prosseguir em frente, Gustavo brincou, dizendo que ao menos não estávamos mais em descida pedregosa e escorregadia e que agora seria um caminho repleto de flores. Fez com que todos sorrissem. Pai Joaquim ainda postou o seguinte comentário:

- Gosto do bom humor desse jovem; mas agora, meus filhos, continuem com os pensamentos elevados e atentos aos mínimos detalhes. Nada aqui pode passar despercebido, tudo deve ser registrado em nosso relatório final, no qual devem constar todas as minúcias da nossa jornada que, posteriormente, serão repassadas ao Alto.

As cenas lembravam labirintos mitológicos. Miguel ia quase ao lado de Pai Joaquim, informando a rota que seria seguida. Em sua mente perispiritual, ele visualizava o trajeto, marcado por traços não contínuos. O caminho era sufocante entre as paredes estreitas; o longo corredor de um pouco mais de um metro de largura vinha sendo vencido passo a passo, quando, de súbito, o chão pareceu estar em movimento. A equipe direcionou as lanternas que emitiam luz solar mais a frente e foi possível focalizar, no piso úmido, uma imagem repugnante. O grupo fez uma nova parada. Ao observar com mais clareza, foi possível notar que milhares de 'insetos e larvas' umbráticas aglomeravam-se em colônias gigantescas. Parecia mais um conto dantesco. Ao mesmo que tempo as paredes alargavam-se, um enorme fosso repleto desses seres impedia temporariamente o avanço rumo ao laboratório.

Pai Joaquim invocou a presença dos espíritos elementais do fogo – as salamandras – que, em segundos, rodopiavam às centenas em torno do fosso infecto e repleto daqueles insetos. Uma verdadeira queima foi realizada pelos espíritos da natureza. Da mesma forma com que se transportaram para aquele lugar, num piscar de olhos, desapareceram.

Ângelus forneceu informações valiosas a respeito do que acabara de acontecer:

- Essa limpeza astral foi uma necessidade de assepsia urgente, visamos à preservação biológica do médium Miguel cujo corpo físico em repouso e, da mesma maneira, evitamos qualquer tipo de infecção psíquica que esses vermes poderiam causar a ele e a qualquer um de nós, visto o nosso adensamento perispiritual. Lembrem-se de que, por esse motivo, também nos tornamos mais suscetíveis a essas influências perniciosas do mundo astral.

Enquanto isso, na sala nuclear do laboratório, o alvoroço tomou conta dos cientistas e dos técnicos que lá estavam. Ao detectarem, através de sutil aparelhagem a mudança vibratória do fosso que dava acesso ao corredor de chegada ao laboratório, enviaram, sem delongas, uma réplica clonada de um político brasileiro de renome internacional, para checar o que estava ocorrendo ao redor do centro de pesquisas das trevas.

A figura carismática de um ex-presidente do Brasil surgiu diante dos olhos da equipe de luz, que estava muito próxima de adentrar no laboratório. O choque pela presença de uma ilustre personalidade naquele ambiente foi intenso, os mais novatos sentiram-se um tanto intimidados pelo ar de superior e de alta intelectualidade, assim como pelo fantástico poder de persuasão que era fortemente projetado do vórtice frontal daquele ser.

Antes que alguém do grupo se manifestasse, Ângelus alertou que eles estavam diante de uma das maiores e mais perigosas criações oriundas dos laboratórios científicos das trevas. A clonagem perispiritual.

Aquela réplica exata impunha respeito devido ao cargo de excelência que exercera e, de imediato, pôde-se captar que a intenção de manter aquele clone ali era a de ganhar tempo para que os técnicos e cientistas pudessem arquitetar algum plano de fuga ou contragolpe a não bem quista visão dos representantes do Mundo Maior.

Sem perda de tempo, Pai Joaquim, de cajado em mãos, bateu o instrumento sete vezes ao chão e pronunciou um antigo cântico "afro". Ao fim projetou uma redoma contentora que envolveu o clone perispiritual, deixando-o temporariamente fora de ação. Junto dele permaneceram vigiando-o Nellys e Aruande. Aguardavam uma equipe de resgate especializado no trato de clones perispirituais. Pois, desta vez, quem iria estudar mais profundamente aquela réplica era o grupo de espíritos e médiuns em desdobramento do Centro Espírita no qual Ângelus é o mentor responsável. A partir daquela situação, preciosas lições seriam aprendidas.

Devido ao adensamento perispiritual; Ângelus, em conjunto com o médium Miguel, condensaram forte energia ectoplásmica e psíquica para implodir as células biológicas astrais que formavam a porta de entrada do laboratório. Ao adentrarem, Pai Joaquim pediu cautela a todos e aos poucos foram deixando a primeira sala mais clara e puderam começar as investigações com maiores minúcias. O objetivo era aprender e entender as novas táticas que estavam sendo elaboradas pelos detentores do cientificismo do mal.

O dia estava prestes a raiar e era necessário o reacoplamento mental do médium Miguel, que estava atuando em desdobramento mediúnico. Pois ele precisava exercer as funções laborais e paternais que a vida cotidiana exigia. Assim houve um revezamento de médiuns. Miguel foi reacoplado ao corpo físico e o sensitivo Yan foi trazido, pois ele residia no Japão e, graças ao fuso horário, ele se encontrava apto a prosseguir com o auxílio anímico dos médiuns encarnados em desdobramentos. Antigo colaborador das atividades mediúnicas no mundo extrafísico, Yan já estava inteirado das tarefas que ali iria exercer junto à equipe espiritual e, assim que chegou ali, já se manifestou à disposição do grupo.

18 URGÊNCIA DA ÚLTIMA HORA

Oliveira estava desesperado e saiu de casa sem destino definido, pensativo na dimensão da encrenca que estava envolvido. Uma fina garoa caía, umedecendo o ambiente daquela manhã cinzenta. Perdido entre um turbilhão de pensamentos, ele vagava com triste aparência em seu semblante. Ele mais se assemelhava a um zumbi. Lembrava-se dos tempos de infância e de como a sua vida era tranquila naquela época, livre das preocupações e responsabilidades da vida adulta. Em meios a essas recordações, a imagem de uma moça de feições radiantes surgiu em sua mente. Não sabia o nome exato daquela menina, mas claramente guardava as boas sensações das risadas embaixo de uma frondosa árvore e do suave balançar do pneu amarrado ao galho mais forte. Uma saudade inexplicável arrematou-lhe o peito que até então era preenchido por um grande vazio.

Ao imaginar as possibilidades que o futuro incerto lhe preparava, buscava focar sua mente no conforto infantil, revivia os tempos de inocência, saboreava as lembranças das brincadeiras e das amizades dos tempos de criança, quando, de repente, a leve garoa começou a se transformar em um temporal. Foi quando Oliveira resolveu apertar o passo e ao dobrar a esquina, ofuscado pelas preocupações. Esbarrou em uma moça, fazendo-a cair ao chão. Isso fez com que Oliveira despertasse do transe em que se encontrava para poder ajudá-la

Para sua surpresa maior, ao estender as mãos para auxiliar a pessoa que derrubara sem intenção, um sorriso muito familiar ruborizou-lhe a face. Reconheceu Clarisse. Ela mesma achou a situação engraçada e, meio sem jeito, deixou que ele a ajudasse a se reerguer.

- Mil perdões, eu estava andando completamente distraído e nem percebi.

- Ah, isso acontece mesmo. Você se lembra de mim? Eu fui atendida por vocês numa sessão apométrica lá no Centro Espírita.

- Sim, lógico que me lembro de você. Como você tem passado? - perguntou Oliveira, tentando relembrar os pormenores daquele atendimento.

- Tenho passado muito bem. Várias perguntas sobre o modo que eu estava vivendo vêm sendo respondidas e, a cada dia, fico mais instigada a obter maiores esclarecimentos sobre a vida além-túmulo e sobre as terapêuticas espirituais utilizadas para tratar os problemas psicossomáticos das pessoas. Tenho devorado livro após livro. - disse Clarisse demonstrando grande empolgação.

- Que bom, espero que continue cada vez melhor. Oliveira falou na intenção de prosseguir seu caminho, sofrendo seu calvário solitário naquele chuvoso dia. Mas, Clarisse tinha um magnetismo que o segurava mais uns instantes naquela conversa.

- Édina falou com você sobre a possibilidade de eu ingressar no trabalho ativo da mediunidade conjuntamente com vocês no exercício da técnica terapêutica da Apometria?

- Sim, comentou. Acho muito boa sua disposição em nos ajudar.

Ao dizer isso, Oliveira sentiu-se como um verdadeiro hipócrita, pois ele mesmo se via muito longe dos caminhos retos e sublimes pregados pelo Espírito Verdade.

- Que maravilha! Exclamou Clarisse num impulso contagiante e, com um largo sorriso no rosto, já foi emendando outra pergunta.

- Quando posso começar?

Oliveira refletiu por instantes e lembrou as boas referências fornecidas por Édina. Olhando no fundo dos olhos de Clarisse conseguiu reconhecer nela, aquela menina que estava nas longínquas memórias da sua infância feliz. Com o ânimo recobrado, ele disse que o quanto antes ela começasse, seria melhor para todos.

Após alguns minutos comentando sobre o encontro nada ao acaso, despediram-se e cada um tomou seu rumo.

No laboratório astral, o trabalho de investigação continuava intenso. Na primeira sala em que a equipe adentrou, não havia sinal algum de técnicos, cientistas ou qualquer espécie de cobaia. Tudo levava a crer que houvera uma retirada às pressas, visto que aquilo que não pôde ser destruído estava espalhado pelo chão.

Naquela sala circular, aparentemente sem nenhuma outra saída, Gustavo manteve sua atenção num pequeno objeto cristalino que reluzia debaixo de poucos entulhos. Ao aproximar-se do artefato, pegou-o em suas mãos para analisar com maiores minúcias. Era um cristal arredondado, de espessura milimétrica, com aproximadamente cinco centímetros de circunferência. Brilhava em tons azuis e amarelos. Logo chamou Ângelus para lhe mostrar aquela lâmina cristalina. O nobre mentor sorriu e, telepaticamente, solicitou a presença de Nellys, que trazia consigo um aparelho interessante e de difícil descrição. Assemelhava-se a um microleitor digital, o qual fora ligado junto a uma base de projeção em terceira dimensão. O cristal foi colocado dentro do leitor e, em milésimos de segundo, uma infinidade de informações, até então sigilosas, começaram a surgir na tela magnética.

Era possível tocar com as mãos o arquivo desejado, acessá-lo e analisar detalhadamente os planos lá contidos. Ângelus clicou o arquivo intitulado *"fast_adiction.oxy"* e, para o espanto de todos, surgiram cálculos e fórmulas de uma poderossísima nova droga, elaborada no submundo astral para a substituição do *"crack"*. Pelo que fora possível analisar, o índice de dependência química à primeira dose era de 100%.

Gustavo ficou estarrecido ao ver os gráficos e as planilhas referentes aos experimentos desta droga. Os testes foram meticulosamente realizados em cobaias humanas. Havia análises comparativas entre o grau de dependência de desencarnados e encarnados desdobrados. Os dados eram assustadores. Ângelus pediu para que todo aquele material fosse cuidadosamente recolhido, pois ainda havia muito que fazer. Em breve, aquelas informações seriam repassadas ao Comando Superior, para estudos detalhados e para a preparação da contrapartida em relação ao que fosse descoberto nas informações contidas naqueles arquivos cristalizados.

- Ângelus, como é possível que uma droga de tamanho poder destrutivo consiga chegar ao plano terreno, digo, entre os encarnados?

- Da mesma forma que chegam todas as outras substâncias químicas que provocam a alienação e dependência química, através do desdobramento pelo sono físico, de pessoas que se julgam pesquisadores. Esses gananciosos e inescrupulosos seres, quando adormecem, são trazidos para laboratórios como este aqui e juntos eles elaboram e testam as novas drogas. Depois, ao acordarem, guardam alguma recordação e, por intuição, começam a elaborar a dita substância entorpecente.

- Muito triste isso, a corrupção da alma humana não tem limites. - comentou Gustavo.

- Mas, não é somente entre os encarnados que isso ocorre. Para os cientistas astrais, quanto maior o número de viciados existente, mais facilmente as cobaias são capturadas. Os técnicos das trevas utilizam as drogas para exercer fortes comandos mentais sobre os dependentes. Muitos se deixam levar aos extremos e são capazes de cometer inúmeras atrocidades contra a vida. Ressalto que eles são portadores de livre-arbítrio, devo mencionar que não basta colocar toda a culpa sobre os ombros dos obsessores. Mas, o fato é que os viciados são alvos muito mais vulneráveis e maleáveis mentalmente, devido à grande escassez de força mental para comandar a própria vida. Também sofrem por não terem bases fixas de moral e espiritualidade. Não passam de meras marionetes.

Gustavo permaneceu em silêncio, enquanto Yan e Pai Joaquim preparavam-se para abrir uma porta que estava camuflada. Conjugaram o ectoplasma do médium e o poder mental direcionado. A passagem que estava escondida foi sendo revelada e, em seguida, foi desmanchando-se gradativamente, para surpresa de todos. Um imenso pavilhão surgiu quase de inacreditável magnitude, limpeza e organização local. Se não fosse utilizado para fins tão absurdos, praticamente poder-se-ia afirmar que ali era um posto avançado do Bem, salvo pelo teto enegrecido, que parecia que estava vivo, dado a intensidade da escuridão que aparentava. Luzes de cor âmbar estavam ligadas sobre camas metálicas, milimetricamente posicionadas no primeiro quadrante do pavilhão.

Aruande se reuniu ao grupo, junto dele estavam mais dezoito Guardiões. O restante do destacamento dos soldados recolheu a duplicata clonada do ex-presidente, enquanto outros faziam detalhada varredura no que ficara na antessala ao pavilhão.

Cristovão era o guardião-chefe do destacamento, conhecido de longa data de Pai Joaquim e Ângelus. Tinha porte robusto, sorriso fácil e armamento em punho; humildemente cumprimentou Ângelus e pôs-se de joelhos diante de Pai Joaquim, que o tocou nos ombros e disse que não havia necessidade de reverências....

- Sou apenas um trabalhador sincero da Espiritualidade Maior. Disse Pai Joaquim.

- Sabe que sou muito grato ao senhor meu paizinho, graças à sua bondosa intercessão, fui resgatado dos charcos umbráticos em que eu me encontrava há muitos anos atrás, eu lhe devo muito.

- Então vamos trabalhar, meu filho. Ainda temos muito que fazer por essas bandas. - disse sorrindo o bom Pai Joaquim.

Na vida em vigília, resoluções urgentes precisavam ser tomadas. Decidido a reverter o jogo a seu favor, Oliveira foi à casa de seus pais para pedir-lhes conselhos e explicar a situação na qual ele estava envolvido.

Durante o caminho, ficou pensando em mil e uma formas de iniciar o diálogo com seus progenitores. Tinha plena consciência do caráter reto dos seus pais. Eles jamais seriam coniventes com qualquer ato que trouxesse algum tipo de prejuízo a outras pessoas. Ele elaborou uma centena de frases para abordar o assunto que lhe corroía no íntimo. Ao chegar à residência, viu ao longe seus pais sentados na varanda. Parecia até que eles estavam esperando por ele. Um pouco sem coragem, começou a puxar conversa sobre assuntos fúteis e até sem sentido, não conseguindo disfarçar a angústia. Foi quando seu pai o encarou no fundo dos olhos e como era peculiar de sua personalidade, foi direto ao ponto.

- Filho, eu consigo ver claramente o seu nervosismo, sinto que você tem algo muito importante para nos revelar. Sei que você não veio até a nossa casa por algum motivo banal, estou muito feliz em vê-lo aqui conosco, mas algo me diz que essa não é uma mera visita. Pode confiar em nós e abrir o seu coração. Desde sua infância eu sempre afirmei que você poderia contar conosco em qualquer momento da sua vida.

Sua mãe o olhava com muita ternura, pegava-o pelas mãos e suavemente dizia:

- Oliveira, nós estamos ao seu lado, deixe tudo o que está o transtornando ser exteriorizado. Não faremos nenhum pré-julgamento, sinta-se muito à vontade e comece tudo pelo início.

Com os olhos marejados, Oliveira contou que fora fraco, havia aceitado propina e se deixado corromper ao favorecer uma determinada empreiteira a assumir inúmeras obras que não favoreceriam ninguém além deles mesmo. Essas falcatruas acarretaram muitos prejuízos à sociedade e hoje ele estava se sentindo o maior hipócrita de todos os tempos. Frequentava um Centro Espírita, bancando o bom moço, enquanto a sua consciência estava lhe cobrando um preço quase que insuportável. Sentia que o seu carma poderia ficar mais pesado ainda caso ele entregasse todo o esquema para a Polícia, pois ao denunciar as irregularidades que cometera, inevitavelmente, colocaria em risco a vida dele e dos próprios pais.

O silêncio tomou conta da conversa, seus pais se entreolhavam enquanto cada um refletia sobre os fatos. Até que, munido de forte convicção, seu pai se pronunciou.

- Meu filho, hoje você está sendo muito valente em nos contar essa história, sinto muito orgulho pela sua coragem e ao mesmo tempo, sinto tristeza por você estar envolvido em uma tramoia tão suja quanto esta. Primeiro de tudo, saiba que não há motivos para se preocupar conosco, aqui nesta casa temos certeza de que nós somos filhos de Deus, perfeitos e divinos. Mal algum poderá nos atingir. Quanto às ameaças feitas contra nós... não se preocupe. Agora cabe a você fazer o que é correto, siga sua intuição e não olhe para trás.

Dona Madalena, comovida com o desenrolar da conversa disse:

- Levante sua cabeça, aceite seus erros e aprenda com eles. Seja forte para encarar as consequências dos seus atos. Como diz o ditado popular, "Deus escreve certo por linhas tortuosas", não é verdade? Quem sabe numa dessas linhas, o seu destino também foi traçado para desmascarar os absurdos da corrupção que aflige todos os setores governamentais. Cabe a você dar o passo inicial e enfrentar essas pessoas.

Dona Madalena prosseguiu:

- Pode ter toda a certeza do mundo de que nesta casa sempre haverá pessoas que o amam. Não importa o caminho que você venha percorrer. Temos fé que você irá seguir pelo caminho honesto e digno. Foi assim que nós o educamos e tentamos prepará-lo da melhor maneira possível para todas as adversidades da vida. Meu filho amado, tenha fé e ande sempre na luz em companhia do nosso mestre Jesus.

Uma injeção fundamental de coragem, honradez e honestidade invadiu o espírito de Oliveira, que não mais fraquejaria diante do monstro da corrupção. Agradeceu de joelhos e, aos prantos, a força e a sinceridade dos pais. Aguardou um tempo até se recompor e partiu a passos largos e convictos rumo ao Ministério Público, a fim de denunciar os desvios e detalhes de cada transação. Muniu-se das provas e foi decidido a mudar o próprio futuro.

Do outro lado da cidade, no laboratório umbrático, a varredura prosseguia minuciosamente. A primeira metade do pavilhão já havia sido coberta pela equipe de luz. Um fato interessante é que exatamente no meio da enorme sala havia uma barreira invisível que impedia a passagem. Podiam-se vislumbrar perfeitamente os aparelhos que havia do outro lado, mas uma rede transparente impedia o avanço do grupo.

Pai Joaquim colocou-se no centro do empecilho que fora criado mentalmente e apoiou suas duas mãos como se fosse derrubá-la com um empurrão. Enquanto todos observavam o bom pai-velho orar concentradamente de olhos cerrados, um feixe luminoso em tom dourado desceu como um raio incandescente e envolveu-o por completo. Neste instante, palavras de louvor e agradecimento foram pronunciadas e com um sutil movimento. Pai Joaquim canalizou a intensa energia oriunda do Alto para suas mãos, que estavam em contato com aquela barreira invisível. Até então intransponível. Em segundos, o que era transparente tornou-se dourado vivo e logo caiu no chão como se fossem meros cacos de vidros. De fato, milhares de pedaços rolaram aos nossos pés. Foi uma experiência fascinante e, sem perda de tempo, prosseguimos recolhendo materiais até que o chefe dos Guardiões. Foi então que ele chamou a todos para ajudarem com o que ele se deparou.

Havia dezenove clones de uma única criança recém-nascida. Aquilo deixou a todos atordoados, estavam em uma sala anexa ao pavilhão. As duplicatas estavam ao redor do corpo astral da criança, todas interligadas por fios sutis de uma cor levemente marrom. Ao olhar com mais cuidado, podia-se perceber que um líquido viscoso "alimentava" os clones. O resultado nefasto daquela triste experiência era a permanência em estado vegetativo do pequeno ser recém-encarnado.

Consternados, Aruande e Gustavo queriam saber qual era o objetivo de tudo aquilo?

De acordo com algumas anotações encontradas por Ângelus, o triste meio era utilizado para desestabilizar a família que recebera aquela criança, pois a proposta encarnatória dos membros daquela casa específica envolvia o desmantelamento de grandes bases criminosas do mundo astral, através do exercício pacífico da mediunidade. Sabe-se também, através de poucos relatórios encontrados, que o destino daquela criança será o exercício pleno das inúmeras atividades paranormais. A mais importante delas seria a introdução de uma nova técnica psíquica para cura de graves doenças que na atualidade são consideradas incuráveis. Este fato era extremamente preocupante para os senhores da maldade. Mas graças à bondade do Alto, havia chegado a hora de resgatar aquela amável criaturinha e devolve-la sã e salva aos braços de seus pais.

Ângelus ainda explicou que os pais haviam aceitado esses desafios com muita resignação e paciência, sendo agora agraciados pela bondade divina por permanecerem fiéis às suas convicções sagradas. Questionado, ele respondeu com muita segurança que Deus jamais deixou de olhar para aquela criança e seus pais, eles apenas acabaram de drenar o carma negativo que ainda era necessário ser superado. Daqui para frente, muitos frutos generosos estavam por vir para aquela abençoada família.

Finda a grande varredura pormenorizada em todos os cantos do laboratório, uma equipe especializada em purificar o ambiente através da utilização da chama violeta estava prestes a chegar para transformar aquele local em um ambiente propício a servir aos desígnios de Deus. Um pronto-socorro espiritual seria instalado ali o quanto antes. Ângelus agradeceu o salutar auxílio de Pai Joaquim, despedindo-se do amigo afetuosamente e rogando o amparo do Mundo Maior para que outras oportunidades de servir e aprender pudessem vir a ser realizadas enquanto ainda houvesse maldade no coração humano.

Na vida física, o drama de Oliveira estava chegando ao fim. Após oficializar as denúncias, o médium foi ao Centro Espírita explicar a situação ao presidente do Centro, Carlos, que o acolheu com todos os votos de confiança que lhe eram devidos.

Por fim, Oliveira pediu exoneração do cargo público, entregou à Justiça todo o dinheiro que havia recebido e, atualmente está respondendo aos devidos processos. Voltou a exercer a profissão de artesão que lhe fora ensinada pelos seus pais desde a infância. Ao menos sua consciência está um pouco mais tranquila, e, agora, ele está disposto a cumprir qualquer pena a que a Justiça dos encarnados o condenar. Quanto à Justiça Divina, ele se dedica intensamente aos afazeres mediúnicos e caritativos; conta com o apoio dos muitos amigos que conquistou e dos companheiros de mesa apométrica, inclusive da nova médium em atividade, Clarisse.

Quanto aos eternos amigos, Ângelus, Gustavo e Nellys, todos estão muito ansiosos para a conferência que será realizada numa cidade iluminada pelas graças divinas no Plano Maior. O assunto a ser debatido envolve o detalhamento de um grupo de espíritos trevosos que compete a milhares de anos com rivais umbráticos para obter domínio absoluto da escuridão. Esses seres se autointitulam como o "Clã das Serpentes Vermelhas", mas esta é uma história para outra ocasião.

POSFÁCIO

Palavras da autora espiritual

(Transcrição da mensagem final ditada ao médium, pelo espírito Maria Zilda)

Antes de tudo, saiba que o trabalho realizado pelo médium saiu a contento, visível foi a dificuldade de transmitir os fatos ocorridos. Visto a capacidade mediúnica do aparelho que utilizamos. Foi necessário desdobrar o médium inúmeras vezes e conduzi-lo aos locais aonde as situações ocorreram e lá pode vivenciar os acontecimentos que estavam gravados no éter cósmico do ambiente. Desta forma, um filme foi percebido nitidamente e armazenado na memória perispiritual do médium. Para em momentos oportunos virem à tona através de lembranças e intuições.

O conteúdo da presente obra revela algumas nuances pouco exploradas pelos adeptos do Espiritismo. Ainda há muito o que desvendar no lado oculto da vida, ou seja, na verdadeira realidade, a vida extrafísica, aonde os limites ultrapassam em muito o contexto cotidiano da vida dos encarnados.

Foi necessário exercitar a paciência e a perseverança em ambos os lados do nosso intercâmbio, alguns percalços tiveram que ser superados, principalmente por parte do médium que em todos os momentos, estava ciente do grau da responsabilidade que lhe fora confiado ao se propor a transmitir os esclarecimentos do Mundo Maior.

Esta foi a primeira experiência envolvendo a parceria entre nós, da esfera espiritual e o médium, encarnado e sujeito a todas as atribulações pertinentes à vida diária. Muitas outras oportunidades surgirão, pois o nosso compromisso em divulgar as verdades da vida espiritual está apenas no início. Outros passos importantes e voltados ao crescimento espiritual ainda precisam ser dados pelo escrevente mediúnico, com o intuito de ampliar e melhorar significativamente as próximas comunicações. Entretanto, foi com imensa satisfação e alegria que concluímos a nossa primeira obra mediúnica. Não desvie-se do caminho, cultive as virtudes mais preciosas da vida, amor, paciência e serenidade.

Fé e ciência caminhando juntos, eis o futuro, eis o projeto traçado para o Espiritismo. Lembre-se, quando surgirem as pedras no seu percurso, não desanime pois os obstáculos foram criados para serem superados e para testar a nossa força de vontade. Sempre em frente, sempre na luz e na paz e nos propósitos divinos do Mestre Jesus.

Maria Zilda (espírito)

SOBRE O AUTOR:

José B. Cavalcante de O. Maia é turismólogo (Univali) e bacharel em Optometria (UNC).

Autor de diversas obras mediúnicas, é um grande apaixonado pela Doutrina Espírita desde a adolescência.

Atualmente dedica-se ao estudo da Psicoterapia Reencarnacionista (ABPR) e também à prática e ao estudo do

Espiritismo no Grupo Espírita Ramatís, em Lages SC, onde tem seu foco voltado para o exercício da Apometria.

OBRAS DO AUTOR

ACESSE: www.jmaia.org

TRILOGIA SINAIS DOS TEMPOS

TODOS OS SINAIS (BOX COMPLETO)

UM NOVO AMANHÃ (VOLUME I) 2011

O DESPERTAR (VOLUME II) 2012

A REDENÇÃO (VOLUME III) 2013

MINHA VIDA ALÉM DA MINHA VIDA - 2013

CORAÇÃO DE PRETO-VELHO - 2013

ESSENCIALMENTE AMOR – 2013

CARTAS DO ALÉM -2014

DIAS DE AMOR E GLÓRIA- 2013

ESSÊNCIA DE PRETO-VELHO- 2014

INSPIRA-TE - 2013

www.ingramcontent.com/pod-product-compliance
Lightning Source LLC
LaVergne TN
LVHW020325200726
843507LV00012B/2240